成人教育创新发展研究

王建凯 著

苏州大学出版社

图书在版编目（CIP）数据

成人教育创新发展研究 / 王建凯著. — 苏州：苏州大学出版社，2022.12
　ISBN 978-7-5672-3414-7

Ⅰ.①成… Ⅱ.①王… Ⅲ.①成人教育－研究 Ⅳ.①G72

中国版本图书馆CIP数据核字（2021）第203945号

书　　名	成人教育创新发展研究
著　　者	王建凯
责任编辑	薛华强
出版发行	苏州大学出版社（Soochow University Press）
社　　址	苏州市十梓街1号　邮编：215006
印　　刷	广东虎彩云印刷有限公司
网　　址	www.sudapress.com
邮购热线	0512-67480030
销售热线	0512-67481020
开　　本	700 mm×1 000 mm　1/16　印张：12.75　字数：203千
版　　次	2022年12月第1版
印　　次	2022年12月第1次印刷
书　　号	ISBN 978-7-5672-3414-7
定　　价	48.00元

发现印装错误，请与本社联系调换。服务热线：0512-67481020

目录 Contents

第一章　国外成人教育论述 —————————— 001

第一节　美国成人教育发展概述 /003

第二节　日本成人教育发展概述 /011

第三节　英国成人教育发展概述 /015

第四节　加拿大成人教育发展概述 /019

第五节　新加坡成人教育发展概述 /020

第二章　我国成人教育论述 —————————— 023

第一节　成人教育的特征与目标 /026

第二节　我国成人教育的发展历程 /031

第三节　我国成人教育的制度和教学方法 /034

第三章　成人教育的信息化建设————041

第一节　成人教育信息化建设的必要性/043

第二节　成人教育的信息化建设策略/045

第三节　成人教育的信息化建设途径/049

第四节　成人教育的信息化管理策略/059

第四章　学习型社会与成人教育模式创新————075

第一节　我国目前继续教育模式的基本问题/078

第二节　我国成人教育在发展中遭遇困境/081

第三节　学习型背景下我国成人教育"新"模式的探索/084

第四节　城乡一体化背景下农民职业教育体系的构建：以苏州为例/093

第五节　新常态背景下社区教育共同体建设探析/098

第五章　新媒体背景下成人教育方式变革————111

第一节　成人教育面临的挑战与机遇/113

第二节　借助新媒体引领成人教育创新发展/116

第六章　新时代成人教育教学管理创新实践————121

第一节　我国高校成人教育管理队伍存在的问题及对策/123

第二节　教育评价在成人教育教学实习管理中的运用/128

第三节　优化我国成人教育教学管理体制的若干思考/133

第四节　教育公平视域中的高等教育自学考试/140

附录 ———————————————————— 155

教育部教育考试院事业发展"十四五"规划（2021—2025）/157

江苏省"十四五"成人高校招生考试改革和发展规划纲要

　（2021—2025）/174

参考文献 ———————————————————— 191

后　记 ———————————————————— 195

第一章

国外成人教育论述

第一节　美国成人教育发展概述

第二节　日本成人教育发展概述

第三节　英国成人教育发展概述

第四节　加拿大成人教育发展概述

第五节　新加坡成人教育发展概述

第一节　美国成人教育发展概述

一、美国成人教育的起源和历史

美国是世界上教育最发达的国家之一。在美国高度完善的教育结构体系中，成人教育不仅历史悠久，而且从作用上看也占有举足轻重的地位。近些年来，美国的成人教育已成为名副其实的社会行为。由于科学技术的飞速发展和终身教育观念的深入人心，大学本科毕业乃至硕士、博士毕业后再去接受继续教育，业已成为一种很普遍的现象。

（一）美国成人教育的起源

美国人普遍认为，成人教育是成年的人们通过学习提高能力，丰富知识，改善技术状况，取得就业或从事新职业的资格，使自己在各个方面得到充分发展，并在社会、经济和文化方面取得均衡的独立的教育。

美国的成人教育始于1847年马萨诸塞州公立中/小学开办的成人班。其主要招收移民，教授美国语言与文化，帮助他们在美国定居。随着政治、经济、科学和文化的发展，尤其是"二战"后，成人教育迅速发展。负责美国成人教育指导工作的是美国成人教育协会。该协会由一个常务委员会领导，其工作范围包括成人教育立法、情报交流、成人教育专题项目的规划、组织全国性的或州和地方的成人教育会议。美国成人教育已成为一个独立的研究领域。其成人教育内容也越来越广泛，包括：扫盲及普通初/中等文化教育、职业技术教育、文理教育、专业教育、家庭生活教育、闲暇教育等。提供这些教育的机构主要有公立中/小学、社区学院、4年制学院和大学、军队、工商企业、工会、各种学术性团体、卫生权力机构、宗教机构、民间组织、社会文化活动中心等。

（二）美国成人教育发展史上的两个里程碑

1. 美国成人教育的方法和成人教育社会功能的提出

1925年，美国著名的成人教育哲学家爱德华·林德曼（Eduard Lindeman，1885—1953）在其未发表的文章《什么是成人教育》（*What is Adule Education*）中提出，成人教育是一种在非正式情景中学习的合作式探索活动，目的在于发现经验的意义；一种探究产生行为根源的心理活动；一种使教育和生活衔接的技巧，借助于这种技巧，将生活本身提升到实验的层次。成人教育是一种学习的新技巧，或是成人学习和评估自己经验的一种过程。这些思想为美国乃至世界成人教育研究奠定了理论基础。

（1）美国成人教育的方法

林德曼认为，成人教育重视的应该是方法而非内容。成人教育的方法主要是传授学习者一连串的分析技巧，以应用于了解各种不同的情况。也就是说，成人教育的主要目的是帮助成人了解他们特殊的学习形态，形成可用于研究不同知识领域的探寻、分析和综合技巧。[1]

（2）美国成人教育的社会功能

首先，成人教育是个体进行自我完善和改造社会的重要工具。林德曼认为，成人教育应当以改善人在社会中的生活为目标，教育允许成人在变化的社会环境中竞争和发挥作用。他强调，成人教育的目标在本质上是社会性的，成人教育是和社会目标相关的学习。[2]

---

[1] 赵红亚. 论林德曼的成人教育思想 [J]. 教育史研究，2003, 15 (2)：49-53.
[2] 赵红亚. 论林德曼的成人教育思想 [J]. 教育史研究，2003, 15 (2)：49-53.

其次，成人教育是形成集体或团体的重要途径。林德曼认为，为了生存和发展，人必须聚集生活在一起，他建议把成人教育作为形成集体的渠道，因为成人教育更显示社会的本质，使集体生活成为教育的经验。

最后，成人教育是启发大众民主意识的重要手段。林德曼认为，在西方国家，成人教育的任务应是唤起成人对历史事实和环境文化本质的认识，其目的在于提高成人的文化水平，开发成人智力，使成人更多、更全面地理解人类生命的意义。

2. 美国成人教育思想的逐步成熟

林德曼的学术思想对美国成人教育界著名的理论家和实践者诺尔斯（Malcolm S. Knowles）的影响很大。诺尔斯主张，在成人教育的教与学活动中，教师与学习者要共同负责，教师充分指导，不能将学生置于被动地位；成人教学要充分利用成人自身的经验，因此，他在学习方法上强调小组讨论、案例研究、技能试析、实地设计等；学习趋向以生活、任务和问题为中心。

诺尔斯的理论首次明确划分出现代成人教育与普通学校教育（青少年教育）的区别。他认为，成人应该并且能够对自己的学习进行自我管理。成人参加学习的根本目的是满足自我实现的需要，是为了最大限度地发挥个人潜能，在社会生活中创造性地实现自己的全部价值。

此外，诺尔斯的理论具有很强的实践性。他认为，应该在明确成人教育的目的、任务及其具体环节的特点和规律的基础上，建立具有实践指导意义的成人教育理论。

二、美国成人教育的现状

（一）美国成人教育的社会基础

一般说来，成人教育是随社会需求应运而生的。可以说，当今美国成人教育的发展与它广泛的社会基础——经济、人口、社会变化及政府等因素是分不开的。

1. 经济因素

高科技日新月异,世界范围内的经济竞争,以及快速传送新技术的信息网络的建立,使得美国大多数工作岗位都发生了前所未有的变化,对雇员的培训、再培训和再教育成了当务之急。这也使成人教育的性质发生了根本性的变化,变得日益与成人的工作息息相关了。总的说来,美国的成人教育主要适应了以下发展趋势:工作流程日益电脑化;技术和知识更新换代快速,一个人已掌握的劳动技能很快会被淘汰;快速的技术更新造成了新工种的产生及旧工种在性质上的变化,新工种要求更高层次的教育,而旧工种对从业者的学历则提出越来越高的要求,就业于这些工种的人员就须通过继续教育来提高他们的受教育水平。这些因素对成人教育及职业培训的具体策略提出了新的要求。

2. 人口因素

美国人口日益呈现出老龄化、民族多元化两大趋势,这对成人教育都有深刻影响。

参加成人学习能使老人们开阔视野、保持头脑敏捷、认识自身价值、消除自我封闭,还能缩小他们与年轻人之间的代沟。许多大学都有专门为老人开设的一系列课程,人口老龄化的趋势对成人教育的影响越来越大。

美国民族日益多元化,新移民中亚洲人的比例越来越高,移民教育呈现出不断发展扩大的趋势。这类教育属于成人教育的范畴。

另外,美国人口的流动性也对成人教育产生了影响。这种流动性不仅表现在住所上,还表现在职业上。当人们迁入另一城市或另一州时,需要适应新社区的环境和生活。参加社区教育是了解社区生活的一个很好的方式。

3. 政府因素

政府对成人教育的重视是美国成人教育发展的巨大推动力。美国政府陆续通过了众多的法案,对成人教育的诸多方面进行了资助和规范。1890年出台的第二个《莫雷尔法案》规定,拨款给那些由政府赠地兴办的学院或大学,以资助其教学活动,其中包括对农业从业者的技术指导和为他们开设的农业技术讲座。此后,政府又先后制定了事业教育法案和数个关于为退役人员提供职业培训的法案。"二战"后，美国政府大规模介入成人教育，主要集中在成人基础教育及工作培训和再培训方面。

(二) 美国的成人教育机构

1. 大学和学院

美国大学和学院是实施成人教育最主要的机构，几乎所有的全日制高等学校内都设立了继续教育部、继续教育中心等成人教育机构。由于大学的生源不足和财政困难，美国不少大学和学院把开展成人教育作为解决财政困难的途径，因而参加成人教育的学生数量增长很快。

2. 企业大学

美国企业的经营管理者认识到，在日益激烈的竞争中，只有不断提高职工的素质、更新职工的知识结构，才能使企业跟上科技飞速发展的步伐，在竞争中立于不败之地。因此，他们投入大量的资金，制订全面的计划，完善培训设施，配备强有力的师资队伍，对职工进行高质量的培训。企业大学完成了这一重任。

3. 社区学院

美国社区学院的成人教育之所以受到成人学员的广泛关注，主要是由于社区学院就设立在社区内部或附近，学员上学普遍采取走读形式，学费低廉。更为重要的是，其专业的设置不仅与区域经济发展紧密结合，而且与成人今后的工作、升迁密切相关。

与普遍的高等教育不同，社区学院的成人教育的培养目标是为社区发展服务的，因此，其专业设置、课程设置及评价体系等都是建立在本地区经济建设、社会发展的基础上的。

(三) 美国成人教育的特点

1. 注重成人兴趣"诊断"

美国成人教育十分注重学员的兴趣"诊断"。他们把学员作为独特的个体去认识，尊重学员之间的个别差异。每逢教学活动开始之前，组织学习兴趣诊断小组，运用面谈、讨论、问题提问（非正式的提问）等诊断性方法，对各个学员的兴趣爱好等进行全面"诊断"。必要时使用"学习方式类型表"，正确测定学员各个学习类型，然后依此选用不同的教学方法进行教学。

2. 善用多种教学策略开发成人潜能

美国学者普遍认为：所有真正的学习都是主动的，不是被动的；它需要运用头脑，不仅仅靠记忆；它是一个发现的过程，在这个过程中，学生要承担主要的角色，而不是教师，教师所关注的只是教学策略。提问作为一种教学策略，被广泛地用于成人教学中。另外，为巩固所学内容，他们会采用"分散练习"的方式，根据所学知识技能的性质，决定练习或口头复述；同时还运用直观性技巧，调动学员多种器官以学习和巩固功课，如"看一看""议一议""写一写""评一评"等。多种策略的综合运用能开发成人的潜能，提高教学效率。

3. 合理安排教学过程

针对成人学员不喜欢盲目的特点，在学习某一个东西之前，教师常提出一个明确的目标，并安排足够的时间让学生消化所学的功课。他们经常会做一些准备性活动，用"群体讨论"的方式完成主要教学活动，让学员写出富有想象力的文章，进行知识的巩固和建构，同时，进行客观公正的教学评估。

4. 教学气氛活跃，师生关系融洽

营造一种有利于学习的宽松氛围已经成为美国成人教学中的一种普遍现象。在这种氛围下，每个人既是学员又是教师，互相交流，共同使用学习资源。在教学中，教师会尽量寻求和提供能运用学员经验的各种机会。在与学员的交往中，成人教师不以自己的职务、身份和学历"压"人，而以自己的专业知识来赢得学员的尊重。

三、美国成人教育给我们的启发

（一）以终身教育的观念，确立成人教育的地位和作用

教育理论、教育思想直接影响和支配着教育行为。终身教育理论已得到世界各国的普遍认可，并且在实践中被广泛运用。因此，

中国教育界首先必须以终身教育理论为基础，构建适应知识经济时代的新型教育观。事实上，自20世纪90年代以来，终身教育的思想就已渗透到我国教育领域。1993年，《中国教育改革和发展纲要》正式提出"成人教育是传统学校教育向终身教育发展的一种新型教育制度"；1995年，《中华人民共和国教育法》（以下简称《教育法》）明确提出要"建立和完善终身教育体系"；1999年，教育部制订的《面向21世纪教育振兴行动计划》进一步明确"终身教育将是教育发展与社会进步的共同要求"，指出要建立终身教育、终身学习体系。最紧要的是要把这种真切的愿望化为实际行动，切实解决好普通教育和成人教育、学历教育与非学历教育（包括大学后继续教育、岗位培训等）等各级各类教育的协调发展问题，特别是要建立健全有关成人教育的法律、法规和政策制度，真正使全体公民享有终身教育的平等权利。

（二）要以大教育的思路办社会化的大教育

终身教育的思想告诉我们，教育不仅仅是学校（包括各级各类学校）的事，它应该是全社会的事；管理规划教育事业，也不应仅仅只是管理规划学校教育，而应该将社会化的大教育都纳入规划管理之中，否则终身教育的体系将难以建立。在市场经济条件下，企业是市场活动的主体，盈利的动力和竞争的压力迫使企业越来越注重劳动者素质的提高。而劳动者的素质的高低则取决于他们能否不断接受新的知识和信息。如果企业成为举办成人教育的主体，成人教育将会充满活力。

此外，社会团体、民主党派、各种学会/协会也都是举办成人教育的重要力量。它们能够更好地依据自身特点，采取灵活多样的办学形式，提供满足不同需求的教学内容，适应我国幅员辽阔、人口众多、经济发展不平衡的国情，因而具有广阔的发展前景。

（三）教育教学改革是成人教育质量的有力保证

1. 办学的进一步开放

我国成人教育面临着扩大发展、提高水平与经费投入短缺、教学资金紧张等矛盾与压力，以及与社会需求和经济发展不适应的状况。因此，成人教育要实现可持续发展，根本出路在于实现办学的进一步开放，建立以政府办学为主、社会各界共同参与的教学新体制。

2. 教与学的进一步放开

我国的成人教育必须全面深化教育改革，形成以学生为主体的自主学习机制。除了一些基础课外，允许教学内容的个体化，允许教材的多样化，鼓励教师探索各种有利于启发和调动学生的积极性、有利于激发学生创新意识的教学方法。

（四）在管理和立法上，应适度放权，增强依法治教观念，加快我国成人教育的立法步伐

我国应借鉴美国成人教育立法的有益经验，开展具有中国特色的成人教育立法实践。在我国成人教育立法实践中，以下几点值得注意：

① 在保证提供最基本的成人教育的前提下，把决策和管理权放到地方，做到成人教育管理地方化。

② 针对我国边疆与内地、沿海与山区、城市与乡镇的地区差异大，成人教育发展不平衡的特点，成人教育立法应对少数民族、边远贫困地区的成人教育提供帮助与便利，结合地方特色与资源优势发展经济。

③ 成人教育立法应确保国家就业政策的实施。国家应从法律上为职工提供应有的再就业教育与培训，使其获得再就业所必需的基本知识和技能，以确保国家就业政策的实施。

④ 成人教育立法应对成人教育的经费来源、专项拨款及其他优惠政策做出明确规定。

⑤ 成人教育立法必须明确法律责任，完善执法程序，使其成为必须执行、能够执行的"硬法"，加强其现实性和可操作性。

⑥ 成人教育立法应与经济发展同步，应随经济的发展进行适当修改。

第二节　日本成人教育发展概述

一、日本成人教育的总体特点

（一）日本成人教育的高度科层化

受日本社会传统文化的熏陶，日本教育领域培养目标的核心是塑造什么样子的"日本人"，其更关注于道德方面的规训与熏陶，而不是自我价值的挖掘。日本的整个成人教育体系关注把学习者培养成为未来的工作者而不是学习者。高度科层化的日本成人教育强化对道德秩序遵从的养成。这种"官方凝视"的教育体制以强制或内化的方式造就了学生的一种习性，表现为过分在乎他人看法、惧于集体压力、随大流、缺乏个性、谦卑和要面子等。

（二）日本成人教育的统一性

日本成人大学施行的以取得学历和培养企业员工为目的的训练，在社会化、筛选与看护三个方面都做得较好，但恰恰培养出来的是顺从、自尊、礼貌的民众，以及遵守企业纪律的勤奋员工。日本成人教育的优势在于它的工匠理念，强调顺从、勤奋、执着却失之于拘泥其至僵化。这种性质的教育被认为是日本近现代两次崛起最重要的因素之一。

二、日本成人教育的发展历程

（一）起始阶段

日本政府在明治维新时期就意识到教育改革的重要意义。日本经济成功的内在因素是具有完善的学校教育制度。明治维新刚开始，日本就积极推进文明开化,把发展成人教育视为富国强兵的重要基础。当时日本的教育改革,可以归结为"普及义务基础教育,改革中等教育,推行成人教育,培养重点大学"。在成人教育的投入上,日本始终保持"教育资本高于实物资本"的增长速度。经过几十年的努力,日本的国民素质整体得到了提高。

(二)发展阶段

日本《成人教育法案》规定,成人教育是为没有中学毕业文凭和没有达到同等教育水平的未能进入学校者提供的低于大学水平的服务和教学。第二次世界大战前,日本已经形成了一个从初等教育到高等教育的相当完备的学校教育制度,对成人教育实行了较为彻底的改革。日本国家教育统计中心关于成人教育的定义为成人教育是指以社会成年人为教育对象,以多形式、多层次、多类型的教育培训、学习活动为重要组成部分;在培养过程中,通过实行选修制、学分制和相对统一的课程标准,设置不同的人才培养方案和课程体系来实现不同层次、不同类型的成人教育在成人教育内部和外部的横向沟通与纵向衔接。

三、近现代日本成人教育的特点

(一)建立专门的法律保护成人教育

近现代以来,日本制定了《企业员工培训法案》《终身职业培训和社会对话法》《成人教育法案》等多种法令。这些法案、法规使成人教育快速发展,而且也培养了日本人终身学习的意识和能力。

(二)增大教育经费投入

日本除了制定专门的法律、法规外,还不断增加成人教育的经费投入。国家专项拨款是日本成人教育的经费来源,每年用于成人教育各种计划的经费不断递增。由于日本成人教育经费来源渠道固定,因此,其成人教育有效调动了在职人员的学习积极性,同时,依靠提升成人教育毕业证书的可信度来保护和发展成人教育。成人教育毕业证书与普通高等教育的毕业证书功效一致。成人教育的各种毕业证是各类人员寻求职业发展和在岗发展的重要基础条件，没有在职与普通的区别。由于毕业证书待遇平等，因此，很多人愿意接受成人教育继续培训，成人高等学校也获得了丰厚的收益。

（三）办学体制呈多样化

日本的成人教育的办学体制呈多样化。非常普及的各级各类学校提供了完备的成人教育体系。日本以国民终身教育开拓出高等成人教育的广阔发展空间，形成了远程教育、终身教育等多种学习模式，并被引入高校。日本政府对成人教育提供充足的扶持资金并构建起全方位的社会保障体系，以及健全的教育法案的保障体系。20世纪50年代，日本的社区学院、学院、大学三级系统一体化的高等教育体系成为成人掌握基本技能、取得营业执照、丰富阅历以获得事业成功的主要途径。日本成人教育有利于终身教育体系的形成和学习型社会的出现。日本在大力发展成人教育的同时，也不断注重成人教育内部各层次各类别教育之间的衔接、沟通和整合，真正实现了在学习型社会中，人是学习的主体，社会的学习和教育资源得到整合，各级各类教育得到统一。成人教育对于那些需要适应环境新要求的人们来说是延伸他们现有教育的必要途径。

（四）"立交桥式"的成人教育体系

在日本早期的教育发展过程中，完善的成人教育法规、健全的管理体制、多样的成人教育实施机构满足了成人受教育的需求。罗伯特·哈钦斯（Robert Hutchins）于1968年在其著作《学习社会》中首次提出"学习型社会"的概念。他指出：在学习型社会中，社会成员都要把学习型社会作为未来社会形态的构想和追求目标。从此，终身教育成为社会发展和社会进步追求的一个重要目标。教育必须贯彻培养社会新人的根本目的。终身教育思想成为21世纪的生存理念。成人教育是为国家发展不断提供人力资源和智力支撑的不竭源泉。在当今知识经济时代，传统的一次性学校教育形式已经满足不了个人自身发展的需求。"立交桥式"的成人教育体系以其多样性、持久性、灵活性在推进社会成员知识化、智能化，增强他们的自学能力和创新能力等方面发挥着不可替代的作用。尤其是社区学院，在成人教育中扮演着越来越重要的角色，日本成人教育的三分之一是在社区学院里完成的。成人教育是一种以不断满足成人的学习需求为核心的全面、协调和可持续发展的教育形式，完善的成人教育体系是促进教育公平，推动人的全面发展的重要条件之一。成人教育体系的构建充分发挥了日本成人教育的作用。成人教育通过实行选修制、学分制、大学联合办学制和相对统一的课程标准来构建高等教育的"立交桥"。日本完备的成人教育体系是形成学习型社会和终身学习时代教育发展的重要保证，"普通教育"和"大学预备教育"以全新的课程面貌出现且贯穿于整个日本教育体系之中。

（五）科学的课程设置

日本在成人教育课程设置上，以当地适用技术为主，根据当地的经济建设、工商业和社区的需求来设置课程，为社会培养实用型人才。课程体系以技能训练为主，课程内容与当地的企业发展需求紧密结合，与市场需求接轨。同时，还建立了课程开发机制，其职能是根据需求信息研制、开发课程，淘汰旧课程，实现个性化学习。这种适合成人和在职人员学习特点的教育，受到广大成人的欢迎，这也推进了日本成人教育快速、健康的发展。

（六）成人教育管理体制的灵活性

成人教育的管理体制比较灵活，办学机构可自设专业、自我招生；国家管理部门设立成人继续教育类的专业委员会对办学机构实施管理。政府设立的专业委员会代表国家管理办学机构，凡质量达不到规定标准的将坚决予以取缔。成人教育办学机构，如普通大学、广播大学、函授大学、开放大学、社区学院、职业学校和企业都会根据市场需求开展教学活动，如日本的很多普通高校开展在线远程成人教育，180门上网课程覆盖了日本半数以上的州。日本成人教育管理体制的优势在于其灵活性，但有时难免会让人觉得纷乱。

第三节　英国成人教育发展概述

英国是资本主义生根、发芽并开花结果最早的地区，因此，市场经济的规则无孔不入。英国被称为"世界成人教育之乡"，其致力于成人教育的专业化有较长的历史，且专业化程度较高，对世界各地成人教育的发展产生过极其深远的影响。围绕教育的供求关系，英国按产业来进行运作，不仅努力开拓国内教育市场，而且加大了开拓国际教育市场的力度，通过教育和培训出口每年获利超过百亿英镑。英国的成人教育一是变得更加全球化，二是变得更加多元化。英国形成了成人教育多元化的大格局，现有的成人教育大学，在校注册成人学生数占全国在校学生数的一半左右。每年接受成人教育的在职人员的费用由企业承担一半，然后政府拨款一部分，个人缴费一部分。英国主要是由民众团体来推动成人教育。从英国成人教育的多元化发展格局可以看出，其成人教育呈现一种灵活态势。英国成人教育每年从欧盟国家的获利，仅次于全日制高校，同时，英国已成为接收外国留学生最多的地区之一。

一、科学的专业组织结构

成人教育专业组织是由成人教育工作者组成的具有专业性、服务性、互利性特点的专业群体。它们在成人教育调查、研究、咨询、中介、监督、评估等方面提供多种多样的服务，发挥着不容小觑的积极作用。伴随着英国成人教育专业化的发展，出现了种类繁多、功能性质不尽相同的成人教育专业组织，这些专业组织大致可被分为成人教育协会、工人教育协会联盟、全国性成人教育专业组织。其目标是引导和组织成人开展教育活动。

二、完善的研究理论

英国成人教育逐渐向专业化发展。

英国是世界上最早把"成人教育"作为一个特定术语的国家，以成年人为教学对象的教育活动受到各阶层人士的重视和支持。20世纪20年代，研究者借助心理学的研究成果对成人教育的不公平态度进行剖析，指出仅以青少年为教育对象的做法是有害的、毫无科学根据的。后来心理学家斯皮尔曼（Spearman）于1927年从心理学的角度研究提出了经验的二重性问题，以实验研究结果拉开了世界范围内关于成人学习能力研究的序幕，并奠定了该课题研究的基本方向。

三、灵活、开放的教育机制

英国除推出针对内部教育国际化的数千项教育、文化、科技合作与交流项目之外，还步调一致地扩大与其他国家的合作。英国的成人教育形式灵活多样，无论哪个年龄阶段的人，均可选择任何一所成人学校接受要学位或不要学位的教育。语言、电脑、工作技能、高学位学习无形中使英国成人教育的在校生学习规模、种类大大扩展。

四、科学、规范的管理

英国成人教育的教学活动及一切课外活动的安排合理、有效，管理科学、规范。学生一旦选择一门课之后，就会知道教师、学习考试及学习目标的一切情况。根据上述详尽的信息，师生双方互相借鉴，为学生打开除专业知识之外的其他一切领域的知识学习和训练的大门。最重要的是，为在岗和非在岗人员或暂时找不到工作的青年人提供相应的知识培训和技能，使终身教育不再是一句口号，而是一种实实在在的、可以看得见并且有成效的教育行动。

纵观英国的成人教育改革与发展动向，我们可以把教育视为一种能够全方位满足社会发展各层次需要的"动力母机"，这促使我们要加快教育多元化的改革步伐。

五、科学的专业人才培育体系

早在20世纪30年代末,当时的英国学者C. P. 斯诺（C. P. Snow）在里德演说中提出了"成人文化"和"高等教育"之间的融合问题,主要借助教育的改革来增加被教育者的文化因素。科学史学科的奠基人乔治·萨顿（George Sarton）曾说：把教育和终身学习结合起来,成人教育是二者之间的一座桥梁。自此,学者们编写了颇具影响力的《成人教育教程》,促进了成人教育与高等教育结合的研究。学者加伯（Garber）将现行的成人教育制度归纳为三个方面：一是以提升素质为成人教育的主要目的,二是全面构建成人终身教育,三是终身教育得到初步的构建。从20世纪30年代起,英国不少高等院校的继续教育等强调"全程学习",边学习边准备,边学习边计划,边学习边进步,把学习渗透到企业各项工作的全过程。英国学者帕特（Pat）就成人教育的质量保障,成人的学习动机类型中的求知兴趣、职业进展、改变生活、社会服务、外界期望和社交关系等问题进行了阐述。20世纪60年代至今,英国成人教育逐步形成较为系统和完善的理论体系,从哲学、社会学、历史学、比较学、传播学、伦理学、政治经济学等不同学科上充实成人教育理论,注重理论联系实际,使成人教育理论更适应个人和社会日益发展的需要。英国成人教育教师可以从教师指导班的毕业生中招聘,还必须为不断发展的大学和工人教育协会的成人教育项目培养师资。为促进成人教育的发展,成人教育师资培训亦需要迅速发展。1975年,全英国有4所技术教育学院课程由英国"全国学位授予委员会"统一评审。"教师培训和咨询委员会"设置了三级培训制度,在课程完成后颁发成人教育证书,其开设的课程为成人教育师资培训奠定了坚实的基础。1984年,英国与德国、荷兰、丹麦等欧洲国家编写了一套多样化的成人教育工作者培训教材,此时英国的成人教育专业人才培育已形成一个比较完整的体系。

六、规范的法律保障

英国成人教育专业化的发展是和相关法律法规的颁布与实施分不开的。20世纪初,英国允许地方为成人提供普通教育,并直接把成人教育纳入国家的职业技术教育体系中。1924年,英国提出维持国民的幸福是国家的责任,尊重民间团体自发办成人教育,国家负责监督、检查实施情况。接受补助的部门有义务为那些未受完义务教育的成人提供全日的或半日的教育,有义务组织教育性的文化娱乐活动。这些制度从法律上明确了地方当局促进成人教育发展的职责。1964年,英国规定职工培训费用采取征收制度,即向每个从业人员征收一定数量的费用。1973年,英国教育部颁布《扩充教育规定》,把大学以外的一切中学后教育均交由地方教育局统一领导,发展技能培训,为成人提供各种教育机会,并使之有终身教育的机会。2003年7月,英国教育大臣查尔斯·克拉克（Charles clarke）从政府角度提出了如何帮助业主提高雇员技能水平、如何提高国民教育素质的具体目标,设定了包括改革政府资助的教育和培训体系、改革资质构架等一系列方案。

七、完善的评价体系

英国很多高校的评价体系历史较长,理论研究和实践经验丰富,具有注重主体性、过程性、系统性和专业化的基本特点。英国教育专家提出的"CIPP"评价模式,常用于学生对教师教学的评价。该评价模式将评价分层次设置。英国高校教育（包括成人教育）对学生评教的研究经历了近一个世纪的发展,无论是研究的规模、角度还是成果都非常丰富,形成了完善的评价体系,值得我国学习和借鉴。

总之,我们应借鉴英国成人教育专业化发展的经验,明确成人教育理论体系构建的总体目标,不断整合教育资源,构建成人教育工作者的培训机制,健全培养与培训体系,还要扩大组织间的交流与合作,完善成人教育法律体系,建构完整的评价体系,尽快做到有法可依,使成人教育健康有序地发展。

第四节 加拿大成人教育发展概述

加拿大成人教育国际化发展的程度很高。加拿大成人教育融和了美国的灵活与英国的严谨,以高品质和高稳定性的教育质量位居世界前列。

一、"二战"前的加拿大成人教育

16世纪是加拿大成人教育发展的开端。17世纪初,法国许多传教士利用建立学校来控制人们的思想,如拉瓦尔(Laval)神父是加拿大最早的大学之一拉瓦尔大学的创建人。当时由于开设课程的限制,学员接受教育的意义并不大。早期法国的殖民政体持续了一个半世纪,担负着教育主要职责的是罗马天主教,其主要目的是使附近的土著居民皈依宗教。17世纪60年代,法国殖民时期终结。大英帝国对加拿大成人教育政策的发展产生了更大影响,成人教育的世俗化局面产生。1791年,英国的约翰·格雷夫斯·西姆科(John Graves Simcoe)就任加拿大第一任教育总督。他刚上任就提出必须提高成人教育的管理水平。1795年,他创建了达尔豪西学院,三年间,增加至13所学院,这标志着加拿大成人教育的发展已初具规模。

二、"二战"后的加拿大成人教育

第二次世界大战后,加拿大高等教育的政策得到了很大调整。教育国际化的步伐开始迈出。加拿大通过开放的模式来建立健全高等教育质量保障机制,同时利用世界一流大学的优质教育资源和办学经验自我创新。加拿大成人教育是为那些没有完成高中教育的加拿大公民和移民设置的。所有社区居民需要报名后排队等候安排。全日制和自学是成人教育的两种学习方式。其基础教育的课程内容有高中课程和娱乐课程,娱乐课程需要缴费。学员可以通过成人教育来获得在某个行业或职业领域里的从业资格。

三、加拿大成人教育的特征

（一）建立了法律约束机制

加拿大颁布的《大学法》（或称为《高等学校法》）给各高校指明了继续教育的使命。成年大学学院的运行则受各联邦州的《成人/继续教育法》或《社团管理条约》的制约。成人教育可以通过各种途径得到办学经费。

（二）课程体系较完善

在课程设置上，除少数几个报名受限制的专业之外，加拿大几乎所有大学专业都向成人开放。有一类来自大学的正规课程，此类课程有完整性、科学性和应用性的特点，学员结业后可获得结业证书。这些学员毕业后有意在各自专业领域一展身手。这一课程设置的优势体现在学员可以选修大学内部几乎所有专业开设的所有课程；而课程设置的灵活性是帮助那些暂时没能被普通大学录取或没有获得大学旁听许可的成人做必要的入学准备。

第五节　新加坡成人教育发展概述

新加坡建国时间不长，资源短缺，但其国力不容小觑。这得益于新加坡一直把成人教育视为国民经济和社会发展的主要动力。

一、多元化的扶持和支撑

（一）政府的支持

新加坡从自治开始就充分认识到人力教育的重要性，因而把通过发展教育最大限度地发挥人的潜能作为最重要的国策。新加坡政府认为，经济计划的核心是人力资本的教育和培训。国家领导大力支持发展成人教育。新加坡教育部原部长王邦文在1996年的教育大会上说，人力资源是我们未来繁荣的保证。新加坡前总理吴作栋说：在同样的商业领域，我们必须学习新的技能和吸收新的技术，新加坡人有动力来孜孜不倦地追求卓越。让我们来给他们机会。新加坡教育部原部长王瑞杰呼吁"教师应该时刻学习新技能，改善授课解惑的能力，以成为终身学习的好榜样，我们要构建人力资源强国，就必须建设创新型国家，尤其是成人教育。

（二）经济上的支撑

新加坡在经济上也大力支持成人教育，据资料显示，新加坡建国初期，成人教育经费投入为0.25亿新币，此后教育经费迅速增加。到了1975年，成人教育经费是0.75亿新币，是建国初期的3倍；1985年投入的成人教育经费是3.5亿新币，约是1975年的4.7倍。到了2013年，成人教育经费共投入16亿新币。同时，还设立专门的成人教育学习基金，用于支持终身教育。再者就是成立成人教育机构，1973年，新加坡工业培训局和成人教育局合并为职业与工业培训局。1984年，政府推出模块化技能培训。1999年，新加坡建立劳动力发展局，用来推动新加坡的继续教育与培训。在成人教育中，注重学生自信、自我意识、自我管理、社会意识、关系管理方面的培训。为了应对全球经济的挑战，在教育方面，新加坡政府鼓励学校参加新加坡素质奖评选，评选学习型组织。

（三）制度上的保障

2008年，新加坡政府建立了继续教育与培训总体规划体系，帮助企业员工获得新技能。同时，实现学校和社区之间的合作，制订了面向所有学生的个别化教育计划。

二、一体化教育模式的构建

职前培训是新加坡教师上岗前必须经过的历程。作为公务员的新加坡教师,须带薪在国立教育学院接受一年的职前培训,这有效推动了学校的均衡发展。1986年,新加坡与美国哈佛大学、哥伦比亚大学共同成立新加坡成人教育教师学院。2014年12月,新加坡设立了私人教育理事会,管理私立教育机构。

推行继续教育和活跃乐龄理事会协同教育。成人高等学院的教育课程的开设,以"社交、智能、体能、就业、感情、精神"为基础,遵循活跃乐龄理事会的教育理念。活跃乐龄理事会鼓励学员通过学习新知识、新技能来保持身心健康,乐龄人士的终身教育有利于中老年人再创人生辉煌,越来越多的中老年人参加了终身学习活动。

总之,新加坡是一个多元文化的移民国家,与我国有着更多的文化和教育相似性。新加坡发展成人教育的经验和做法值得我们借鉴。

第二章

我国成人教育论述

第一节　成人教育的特征与目标

第一节　我国成人教育的发展历程

第三节　我国成人教育的制度和教学方法

随着我国高等教育改革的不断深化，关爱成人教育，以成人教育为重点的呼声越来越高，成人教育也受到越来越多的关注。同时，传统成人教育模式在某些方面阻碍了成人教育的发展，甚至制约了学员个性的张扬。因此，我们需要多从理论角度去探讨成人教育，并将其具体运用于教学实践中，站在国际化的视角，去探索创新我国成人教育的发展途径。

在传统的成人教育模式下，教师在学生眼里是专业的、权威的，教师"教"、学生"学"成了教学的主要模式，这就无形中忽略了学生在教学中的主体地位。当代高等教育标准指出，学员是教育的主要部分，每个学员都是独立的个体存在，都有着个性化的主观意识。要想促进学员积极主动地认识、接受及创造性地改变客观世界，就要全面了解学员的自我意识、自主性和自主行为，在此基础上制订合理有效的成人教育方案，对学员加以引导，进而充分发挥学生作为教育主体的作用。创新成人教育发展策略是提升成人教育主体的催化剂，它可以帮助教师更为具体地发现学员的知识结构及认知水平问题，从而更为精准地分析其原因，并以此为基础对培训内容进行有针对性的选取，帮助学员解决实质性问题。然而，受传统教育模式的影响，以往教师对学员学习情况的了解是不全面的。例如，在教学设计中，大多数教师只考虑学员的认知特点，很少深入实际了解学生的状况及对知识的需要。这样，教学活动就没有目标，不能达到预期的教学效果。因此，我们需要以"创新成人教育发展"为主题，在成人教育主体这一层面进行深入分析。

第一节 成人教育的特征与目标

一、成人教育的特征

(一) 教育对象的广泛性

成人教育是学校教育的延续、补充和延伸,是群众的教育。成人教育的主要对象是已经走上各种生产或工作岗位的从业人员,是家庭、社会和国家的责任承担者,主要包括干部、职工、农民和其他校外青年,不受文化程度的限制。教育对象是不分年龄、性别、民族、职业、学历和地域的成人。

(二) 教育形态的多样化

在市场经济体制下,成人教育属于服务产业领域,突出服务意识,这就使成人教育一改过去单一死板的教学模式,体现出多样化特征。例如,成人教育的形态多样化,学校、社区、机关、工矿企业、民间组织和公民个人根据国家有关法规都可以参与成人教育的办学活动,使各种人力、物力、财力得到充分利用。例如,成人教育的社区化,有助于根据社区情况有目的、有层次、有计划地开发社区教育资源,并通过社区组织对办学机构进行监督和指导,为教育社会化和社会教育化打开通道,从而促进成人教育与社区综合协调发展。

(三) 教育领域的开放性

成人教育中的公共文化教育设施和大众传播媒介都属于成人教育的机构,成人教育成了一个面向全社会又服务于全社会的开放的办学系统。社区学院开放的入学方式、大学推广教育多样化的课程设置、"无墙大学"的"契约学习"等以灵活的方式深受大众喜爱。在入学形式上,学生经过必要的测试后就可进入学校学习;在时间、内容、类型、方式上灵活多样。成人教育最突出的表现是成人学习的时间、地点、内容、方式均由个人决定。

(四)办学形式的灵活性

在新形势下,成人教育为了寻求新的发展途径,开辟了社区成人教育。社区成人教育是区别于正规学校教育,旨在促进区域经济建设和社会发展的带有社区性质的教育活动。其会在未来的学习型社会中为人们提供许多发展的机会和可能。社区通过开设各种继续教育课程为全体社区成员办学。它以学费低廉、教学管理灵活满足了社区成人不断的学习要求,在多方办学、多向发展上充分发挥成人教育的功能。

(五)课程结构的复杂化

成人教育的课程改革需要本着课程结构和教学模式的本质属性来进行,课程结构按教育目标分为德育课程、智育课程、体育课程、美育课程等,自然科学课程、社会科学课程、人文社会科学课程、思维科学课程等是学科种类,必修课程、选修课程是培养要求。课程结构模式既是多样化的,又是相对稳定的。通识课程、专业课程、职业性课程、自导式课程是其主要的核心课程。通识课程的开设有利于开拓学生的视野,培养学生掌握基本理论与技能。职业性课程包括普通文化课程、专业基础课程和职业训练课程。自导式课程是主办学校不提供现成的专业课程计划,而是打破专业界限开列课程菜单,整体上是动态的,贴近社会需求。

(六)教学模式的多样化

成人教育在教学思想、教学方法和手段上体现出灵活多样性。如讲思路、讲方法、讲要点的"三讲"模式,克服了以教师为中心的弊端。在美国的大学里,教师一般只讲一刻钟,然后出三道题,接着让学生写文章,其中有些材料连教师都不知道。再如教学、科研、生产三结合的教学模式,三者互相影响、互相促进。另外,还有"研讨式教学模式"，将个人研究与集体讨论相结合，先是明确研讨的内容、范围和主题，然后是个人自学、研究与思考，经过班级集体或小组讨论与交流，最后小结；"技术化教学模式"，即将现代信息技术引入教学过程，改变传统的教学模式和教学方法，有利于实现终身教育和平等教育；"开放式教学模式"，学习者自主选择学习时间、空间和方法，这种模式适用于各种非学历教育；"整合式教学模式"，整合传统的、现代的多种教学方法、手段与途径，博采众长。

（七）教育结构的复杂性

成人教育承担着多元的教育任务，其最终形式是一种能够沟通各级各类教育的成人教育体系——"立交桥"式的成人教育体系。它不仅是传统学校教育向终身教育发展的一种新型教育制度，也是满足不同类型人员终身教育、终身学习需要的一种教育体系。

（八）教育形式的特殊性

成人教育的发展在信息化背景下面临着新的挑战。教育自身的核心竞争力主要表现为硬件核心竞争力和软件核心竞争力两个方面。成人教育有其自身的特殊性：一是生源较为复杂；二是以社会在职人员为主的成人教育学习目的明确；三是学生与教师面对面交流的机会相对较少。这些特性对其核心竞争力有着较大影响，这也是成人教育面临的挑战。

（九）教育资源的共享性

在信息化建设的推动下，成人教育自身必然会扩大与外部环境的信息互动，形成相互影响的链状结构，包括与政府部门、企业、行业、人力市场、上下游合作伙伴在内的各种类型组织之间的互动关系。成人教育通过与这些组织的合作，进一步完善自身的管理模式和组织体系，通过各种信息资源的收集、管理和分析来实现资源共享。

二、成人教育的目标

成人教育的目标对于整个成人教育工作起着定向作用，长期以来，我国学术界认为成人教育培养目标与普通高等教育培养目标不同，事实上，成人教育与普通高等教育、高等职业教育在培养目标的价值取向和宏观培养方向上是一致的。

（一）倡导终身教育，实现可持续发展

社会的发展要求人们不断接受教育和不断学习。终身教育既要求培养当下社会需要的各种人才，也要求促进学生的全面、和谐发展，培养学生的可持续发展能力。高等教育要实现个人发展与服务社会相统一。高等教育既要侧重于个人自身的全面发展，也要培养社会发展需要的人才，实现人的全面和谐发展与社会发展的统一。作为终身教育的"火车头"，成人教育更是把学员的可持续发展作为目标。

（二）培养具有完美人格的人，提高人的生命质量

成人学生的情况比普通高等教育和高等职业教育学生的情况更加复杂多样，这就决定了成人教育的培养目标是多元的，呈现出比较复杂的特点。但是不管哪一种成人教育，由于其具有的成人性，成人学生具有的比其他高等教育学生更加明显和强烈的提高自己生命质量和实现自我的特点，以及成人教育在教育价值取向与教育目的上更加侧重于终身教育和促进人的发展的特点，决定了成人教育在培养目标的具体方向上，在重视培养满足社会职业要求人才的同时，比其他两种高等教育更加强调帮助学生培养完美人格。

（三）促进人的全面发展，提升人的综合素质

成人教育的培养目标的具体要求是既强调学生具有深厚的理论修养、掌握所从事领域的最新动态和趋势，又强调学生某方面的职业能力，如技术能力、管理能力、审美能力、可持续发展能力等的提高，这一点在我国现阶段表现得特别突出。

1. 重视技能培养

成人教育将从单纯的学历教育模式转变为学历教育和技能教育并重的模式。成人教育的对象是在职人员，他们有具体的工作经验和职位感知，学习的目的来自工作的压力，以及在岗的技能提高、转岗的技能转化等的要求。北京大学把继续教育定位为"高校师资和高级公务员、高级商务人员、高级技术人员的重要培训基地"。

2. 强化思维能力培养

提高成人素质，使之具有创新精神和实践能力，首先应注重培养成人的思维能力。长期的"学历教育"使成人的思维受到禁锢，影响了人才的培养。"满堂灌""填鸭式"的教学方式不仅使教师教得累、学生学得苦，而且使得成人对学习活动缺乏兴趣，不爱动脑思考，没有自己独到的见解；只重视结果是什么，不考虑怎么得来的过程，一切由教师代替思考，学生被动地接受，思维没有能够得到锻炼和发展。这迫切要求教师转变观念，钻研教法，在教学活动中培养学生的思维能力。

一是培养学生的集中思维能力。首先，教师应激发学生探索知识的兴趣，没有兴趣，就没有动力；其次，应善于抓住学生"心求迫而未得，口欲言而不能"的时机，不断地唤起其求知欲，针对教学中的疑点、难点，启发学生思考、探索、逐步解疑。

二是培养学生的发散思维能力，引导学生沿着不同方向，从不同角度去思考问题，引导学生善于抓住事物的主要特点，寻找普遍规律。鼓励学生打破传统思维，在多样化、多角度的刺激中培养发散思维的能力。

三是培养学生的批判性思维能力。师生之间应先建立一种民主、平等的新型关系，使学生敢把自己的想法提出来；教师不仅要扩展自己的知识面，而且本身也必须具有批判性的思维品质。

四是培养学生的创造性思维能力。思维中最活跃和最具有创造性的成分是想象，教师应善于用各种教学手段和媒介来激励和唤起学生的想象力，给予他们驰骋想象的空间，还要鼓励学生敢于想象，敢于打破常规，促进学生想象能力的不断提高，进而能创造性地解决问题。

五是培养学生的深刻性思维能力。知识经济时代需要有头脑的人用科学的思维方法去改造世界。任何学科都具有发展学生思维的功能。教师要在多种教学活动中注重基础知识教学的同时,更要重视思维方法、学习策略的教学;要指导和帮助学生学会学习,建立合理的认知结构,为他们获取知识、灵活运用知识、巧妙组合知识奠定基础。

3. 强调审美教育

成人教育的审美目标集中反映在对功利的超越、呈现审美的个性、让个性和创造性得到充分肯定上。成人教育的审美目标能够为成人提供广阔的自由发展空间,丰富学生的精神生活,使学生在学习中感受到自我价值的实现。

第二节 我国成人教育的发展历程

一、我国改革开放前的成人教育

早在 20 世纪 30 年代初,我国著名教育家陶行知就预言 20 世纪的社会是一个知识化的社会,终身教育是其重要特点,"只要活着就要学习"。活到老,做到老,学到老。陶行知的成人教育思想对于我国成人教育改革和发展具有重要的现实意义。

陶行知的成人教育思想、理论和实践对我国近代教育史产生了很大影响。他说,成人教育就是平民教育。他提倡并大力组织平民教育运动、乡村教育运动、小学生扫盲运动、"科学下嫁"运动、师范教育下乡运动等。陶行知认为,普及教育的最大使命就是把现代文明的钥匙——活用的文字符号和求进的科学方法交给大众,使大众做一个现代人。成人教育要具有全面性。

20 世纪 70 年代中期,山东教育科学研究所的重点课题"成人教育研究"是一项在教学领域全面探讨成人培训的大型教育研究。至此,成人教育作为一个独立的教育课题在我国开始被研究。从现有文献看，我国较早开展成人教育的是杭州大学教育系与杭州第十一中学等的合作，采用的教育模式有社区培训和职业培训。社区培训模式是理论和实践相结合的一种半工半读的学习模式。职业培训模式是以企业用工为基本形式，系统地利用企业、学校、校企之间的互培资源进行成人技术能力培训的学习模式。

二、我国改革开放后的成人教育

改革开放后，我国成人教育的发展经历了三个阶段。

（一）恢复调整阶段（1978—1986年）

1978年12月，党的十一届三中全会提出将工作重心转移到经济建设上来和实行改革开放，这使得成人教育得到迅速恢复和发展。

各地普遍开展了扫盲教育和农村成人文化技术教育。

1981年2月20日，中共中央、国务院颁发了《关于加强职工教育工作的决定》，全国各地普遍开展对青壮年职工思想政治和文化技术的补课。

干部教育和成人教育也得到初步发展，中央电大得以筹建并成立；国家对独立设置的成人高校进行了审批、复查和验收；在北京、上海、天津等地先行试点的基础上，在全国范围普遍建立了自学考试制度；普通高等学校在恢复办学和招生的基础上，通过夜大、函授等形式，举办了作为学历补偿性质的成人教育。

（二）改革发展阶段（1987—2001年）

1987年6月23日，国务院批转《国家教育委员会关于改革和发展成人教育的决定》（以下简称《决定》），对成人教育的地位、作用、方针、政策、任务、措施等方面做了明确规定。在全国成人教育工作会议和《决定》的推动下，成人教育进入了改革发展阶段。

随着《中国教育改革和发展纲要》和《中华人民共和国教育法》的先后颁布，特别是为适应国家工业化、信息化、城市化的需要，成人教育越来越受到党和政府的高度重视，成人教育有了长足的发展，为 21 世纪我国构建终身教育体系，建立学习型社会奠定了基础。

在这一阶段，成人教育的工作重点转移到了岗位培训和继续教育上；各级各类成人教育学校根据劳动者的生产工作实际和成人学习特点进行调整、规范和改革；地方、行业、部门和社会力量办学的积极性得到保护和发挥，广大从业人员参加学习培训的积极性得到进一步激发。

岗位培训和社会化培训逐步走向规范化、制度化，成人教育管理机构的设立，加强了对成人教育的管理和服务。该机构把到 20 世纪末"基本扫除青壮年文盲和基本普及九年义务教育"列为中国教育事业发展的"重中之重"，进一步加大了扫盲工作力度。

在全国范围内进行了成人高/中等学历教育办学水平、教育质量评估和学校布局及专业结构调整；开展了高等职业教育、电大"注册视听生"和高等教育学历文凭考试试点工作；实行学历证书与职业资格证书并重制度。

推进现代企业教育制度和城乡教育综合改革的实施；积极探索社区教育模式，不断加强对社会力量办学的引导和管理。

教育部和各有关部门在全国各地组织实施了农村富余劳动力转移培训和实用技术培训。各地企业在职工教育方面普遍开展了创建学习型企业、培养高技能人才的活动。

社区教育实验得到进一步深化和提升。

现代远程教育得到迅速发展，开放教育试点得到进一步拓展，远程教育公共服务体系建设取得重要进展。

（三）深化提升阶段（2002 年以来）

2002 年以来，我国提出"全面建设小康社会""构建终身教育体系""形成全民学习、终身学习的学习型社会，促进人的全面发展""建设和谐社会""努力使人人学有所教"等目标，为进一步深化成人教育改革，推动成人教育发展提出了新的目标和任务。我国建成了世界上规模最大的职业教育体系，形成了一整套制度标准体系。

目前，关于我国成人教育发展的研究主要集中在普通高校的专业学科教学方面，缺少具体的实证研究，因此，我们需要不断探索相关的理论和具体实施策略。

第三节 我国成人教育的制度和教学方法

一、我国成人教育的制度

我国成人教育的制度包括政府扶持制度、师资培训制度、教学管理制度、教育宣传制度及现代化教育教学制度。

(一) 政府扶持制度

政府的政策支持能为成人教育带来优势，因为政府可以解决机构设置和人员编制及资金问题。政府要遵循终身教育理念，科学制定各种保障政策。一方面，政府要对成人教育给予经济及科研方面的支持，对参与成人教育的学生要给予社会补助，提升人员参与度，促进成人教育事业的不断发展；另一方面，政府要积极解决实际的成人教育发展问题，提升成人教育服务能力，并将终身教育和终身学习理念应用到成人教育中。同时，要加强国际教育合作，借鉴国外的经验教训，缩短国内外成人教育的差距。

(二) 师资培训制度

在成人教育师资培训方面，一是应不断提高教师队伍质量，优化整合成人教育教学内容，将学生的需求作为教育导向，制定成人教育教学课程；二是要以制度建设创新观念，缔造更完满的成人教育框架，完善相关服务领域的制度，整合成人教育资源，丰富我国的成人教育发展模式。

(三) 教学管理制度

改革成人教育教学管理制度是成人教育改革和发展的一项重要内容。现行的成人教育管理体系忽视了宏观规划管理，学校教育教学管理制度依然带有普通本科教育的色彩，尤其是以"控制"为主的刚性管理，不但忽视了人本因素，更与社会文化脱节。为此，在教学管理制度上，一是实现集权与分权的统一，扩大学校和学校内部基层办学单位的自主权，减少宏观教学决策的失误，使决策更贴近实际。教学管理要重新划分各层次的职责、权利和义务。在分权的同时要保证政府对学校的宏观调控，保障学校及学校对内部基层办学单位自主办学的权利和自由度。二是实现刚性管理与弹性管理的统合。建立自主学习制度，并完善作为学分制的各项配套制度和资源的建设；完善学籍管理制度，逐步实行弹性学制，允许学生根据实际状况进行学习；完善教师评价制度，在课堂教学设计上，形成开放的、动态的、对话式的课堂教学。三是强化成人教育理论研究。各学校要通过教学管理制度理论的研究，建立具有学校特色、形式多样、反映成人特点的教学管理制度，逐步形成与时代发展相适应的科学先进的教学管理制度和运行机制。

（四）教育宣传制度

通过不断总结经验，丰富内涵，开展诸如评选百姓学习之星和终身学习品牌活动，不断提高成人教育学习活动周的影响力；创新体制机制，使社会人员主动参与到成人教育读书、讲座、学习沙龙等宣传活动中来；动员组织更多的地方、机构、群众参与到成人教育学习活动周中来，促进成人教育工作深入开展。

（五）现代化教育教学制度

我国的成人教育既没有构建起基于成人的教学教育资源库，也没有为成人学习者提供自主学习的课程，致使我国成人教育现代化发展水平不高。现代化教学信息终端设备还不够完善，仍须优化改进。在促进成人教育教师队伍建设方面，教师要注重成人学习者现代化信息技术运用能力的培养，增强成人群体直接参与的、真实情景的体验式教学的力度；积极创建民族文化特色课程，掌握人性化教学方法，做好人性化教学。

二、我国成人教育的教学方法

在成人教育方面，我国相较于发达国家还存在不足之处。在教育课程专业设置、成人知识技能教学内容及教学方法应用方面均是传统普通教育的翻版，忽略了成人教育的特殊性。成人在学习中面临的压力大，再加上学习的时间偏少，学习过程中缺乏毅力，导致成人学习水平不高。为此，我们要创新成人教育发展事业，构建多种教学方法，推进成人教育的快速发展。

（一）把握成人教育的规律

成人教育教师，应充分利用图书、报刊、互联网等多种渠道关注成人教育的发展方向，不断提高自己的教育理论水平，为改进和创新自己的教学方法打好基础。

成人教育教学要由以教为主转变为以学为主，要充分发挥学生在学习过程中的主动作用。在教学中可采用一些适合成人心理特点和社会发展需要的教学方法，深层次地挖掘实验法、演示法、讲授法、讨论法、发现法、演练法、问题法、案例法等基本教学方法的优化组合对优化教学过程的巨大潜力。这些课堂教学法既注重传授知识，又注重开发智力和培养能力，能做到教为主导、学为主体和因材施教，可激发学生积极探索、勇于实践的学习能力，改变原有的"满堂灌"的教学方法。

（二）实现自主性的学习方式

在成人教育教学中，可尝试对成人学习者进行"带动式"培训，让优秀的学习者在教学过程中发挥带头作用，激发其他学习者参加学习活动的积极性。

首先是给学生创设自主学习的情境。教师在教学过程中要给成人学生创设良好的学习环境，善于创设情境。通过给学生创造一个平等、宽松、相互尊重、相互包容的学习环境，成人学生能在相互学习中感到快乐，在情境中体验和探究自己的认知能力。

其次是给学生创设自主学生的空间。作为教师要永远记住成人学生能自己解决问题，在教学中不能包办代替，要充分相信学生，在教学中要留给学生学习的时间与思考的空间。在学习中，教师要通过培养学生自主学习的兴趣，激发学生学习的积极性、主动性。在具体的教学中，教师通过充分调动学生的主观能动性，使学生在学习中品尝成功的快乐，激发学习兴趣，久而久之养成良好的学习习惯，进而学会学习。

最后是注重评价和反思，提高自主学习效果。在课堂中及时地评价学生、反思自己的教学是提高教师教学水平的关键，一节再精彩的课如果没有课后的认真反思也不会达到最好效果。在现行的成人教育课堂教学中，课程改革要不断推进，学生自主学习能力也要提高，并且由于学习的内容越来越多，教师要及时对课堂讲解过程进行反思，总结教学中的优点和不足。教师只有找出教学中的不足，才能促进自身的进步。

（三）实行有针对性的教学

首先，教师应具有"因材施教"的教学理念，实行有针对性的教学，最大限度地让每个学生学到尽可能多的知识。

其次，教师应摒弃原有的传统的教学方式，以学生为主体，根据学生的需求进行教学。掌握每一位学生的特点，设计出合适的教学方案。成人教育教师应该帮助学生找到努力的方向，掌握独立自主的学习能力和分析解决问题的能力，帮助学生最大限度地发挥自身的创造力。教师应鼓励学生自主制订学习目标、学习计划，帮助学生真正成为学习的主人。

再次，教师应该学会利用多媒体辅助等教学方式丰富自己的课堂。通过创设教学情境，创设氛围，学生能更好地参与教学互动。

最后，成人教育学校应针对社会对多层次、应用型、实用型人才的需求，制订出有效的人才培养方案，改进与创新成人教育教学方法。

（四）强调应用性教学模式

首先是强调应用性教学内容。构建以公共课、专业基础课、专业课、实践课、选修课、特色课为体系的现代课程结构和灵活多样的课程模块。以掌握知识结构、强化应用为教学重点，专业理论课以够用为原则，特别要强调实践教学，合理确定理论课与实践课的配合关系。

其次是构建多种实践性的教学模式。

例如，工作室制教学模式。工作室制教学模式，为培养具有综合素养、专业技能和创新能力的复合型人才提供了最大可能，是专业人才培养目标得以实现的有力手段。工作室制教学模式以基于工作过程的任务驱动方式的引入，使实践教学的内容贴近实际任务项目，使得成人学生可以了解到本行业最新的动态，实现学业与职业的零距离接触，提高自身的就业竞争能力；同时，可培养学生的创新精神及团队协作、交流沟通等各方面的能力。在当前经济社会发展的形势下，工作室制教学模式顺应了时代发展的需要，是培养适应市场需求、解决成人学生社会适应能力问题的有效途径。

再如，增加实证教学或案例教学。案例教学是对成人学生进行教育的主渠道和主阵地。案例教学法是通过对一个具体案例的事实与情景的描述，引导学生掌握理论知识、提高能力素质、建立价值规范的一种教学方法。其不但具有较强的理论性特色，而且强调用案例来展示理论。案例教学可提高学生学习专业知识的兴趣；可以结合学生所能从事的职业多方精选精练，将理论教学融入案例分析之中，使学生在获取感性认识的基础上增强理论认识；可着重从内容的把握、教学的重点难点、教学的组织三个方面着手，课堂讨论以鼓励为主，不追求唯一答案。

（五）推行混合式教学

混合式教学是继建构主义学习理论之后又一种新的学习理念，是将传统面授教学与网络远程教学结合起来的新的教学与学习模式。混合式教学能充分发挥和利用课堂教学与在线学习的优势。一方面教师能按照教学大纲以班级组织和课堂教学形式有目标、有计划、有重点地开展教学活动，使学生获得扎实系统的基础知识，通过教师和学生面对面的交流，能有效发挥学生的特长和个性；另一方面，教学内容呈现多层次与多样性，有利于实现"因材施教"。互联网教学信息量大、信息流速快，成人学生借助计算机与网络等媒体选取学习内容，可发挥认知主体的作用。

第三章

成人教育的信息化建设

第一节　成人教育信息化建设的必要性

第二节　成人教育的信息化建设策略

第三节　成人教育的信息化建设途径

第四节　成人教育的信息化管理策略

随着科技的发展,我们已经进入多媒体时代,同时,多媒体教学也逐步走进我们的课堂。面对这项新的教学方法,可能有些老教师还不能够很好地接受与利用,但是如果实际使用就会体会到其中的益处。所以,不管新、老教师,都应该学习使用多媒体,因为它最终将成为一种普遍的教学方法。事实证明,利用现代化信息技术进行教学,既省时省力,又能对学生产生足够的吸引力。

第一节 成人教育信息化建设的必要性

随着科学技术的飞速发展,利用信息化教学和学习能有效地满足人们不断学习的需求,而且能很好地解决日益明显的成人教育培养模式与成人学生需求之间的矛盾。信息化技术主要的特点就是它可以让任何人不受时间和空间限制,进行任何章节的课程学习。成人教育的信息化建设成为发展我国成人教育的主要手段。

一、信息化教育教学是成人教育的简洁渠道

近年来,参加成人教育的学生年龄结构年轻化,他们学习的效率很高,容易接受新鲜事物。同时,他们学习的主动性强。参加成人教育的学生一类是当下在职人员,他们期望通过提高学历,为自己的晋升增加砝码;另一类是期望拿到更高层次的学历以便可以更好地就业。因此,这批学生正处在事业的上升期和储备期,他们在校的时间短,而利用信息技术网络平台可以保证他们有足够的学习时间。网络

学习充分适应了成人学生学习时间零散、不固定的特点，同时使得教育资源的投入更有针对性与实效性。加之网络教育能有效地激发学习者的求知动机，让更多的人享有近乎平等的教育机会，实现教育的均衡发展。

二、信息化教育教学是适应成人教育未来发展的关键

教育必须贯穿人的终身才能实现人格的完善。新技术革命的兴起和发展推动着计算机应用的突飞猛进，特别是随着"原子时代"向"信息时代"的迈进，信息技术已经成为人类社会发展的物质、能量的重要载体。信息教育对提升公民素质是十分重要和必要的。成人这一群体能不能有效掌握信息、搜寻信息、分析信息与利用信息关系到国家和民族的发展。素质是知识积淀、内化的结果。信息素质指的是一个人应该具备的使用计算机及其网络工具获取和评价信息，组织和运用信息，分析、解释和交流信息的能力。

成人教育是终身教育体系的主要组成部分。而终身教育既要保障每个个体享有终身学习的权利，也要使学习个体具有不断更新知识体系的意识。从技术层面上说，网络教育所倡导的个性化学习实现了人与人之间的平等。真正的平等就是使受教育者不受社会地位、经济条件、男女性别、宗教信仰、种族地域等限制，接受一种适当教育的均有机会，使个人的天赋在个别化、个性化教育的基础之上得到发展。网络教育使得教育客体具有了主动探索知识的能力。因此，利用网络学习有利于促进终身教育体系的构建。从个人需求方面来说，借助信息技术平台可以为成人学生参与学习提供一种实践基础，可以快速推动学生思想、实践的创新。成人学生积累的知识较多，心理也比较成熟，同时成人与青年学生相比有较大的耐心与坚韧的毅力来完成工作，他们渴盼通过学习来使自己的经验朝着全面化、科学化、正确化方向发展，用理论来指导自己的实践。

三、信息化教育教学是节约教学成本的有效途径

目前，成人教育教学集中在学校的硬件设施方面，一些高等院校依托自身优势特色专业面向社会开展成人教育。随着成人教育对教室、教学器具、宿舍、办公区及学生生活设施占有率的不断下降，以及面临工学矛盾、全勤率不足、费用高、督导难度大等问题，亟须构建高效快捷、随时随地、媒体丰富、资源共享、交互性强的互联网平台。许多高校利用互联网开展成人教育教学，这成了构建终身教育体系、创建学习型社会的重要手段。这样的网络教学有利于解决工学矛盾，可有效解决部分函授站教学资源不足的问题，其最大的优势是与综合管理教学平台无缝衔接，可以为学生提供更加灵活、自主的学习方式。另外，由于优秀教师资源紧张，成人教育的教师成本提高，而网络学习可使得教育资源的供给能力呈指数增加。再者，信息化建设有利于提高教学管理的水平，降低教学管理的成本。成人教育具有企业特征，可以采用已在企业中成功应用的相关管理理论和方法，例如，利用"客户关系管理""品牌特色"推动成人教育管理模式的变革。

第二节 成人教育的信息化建设策略

成人教育的信息化建设始终是成人教育理论界热烈讨论的焦点话题。目前，我国成人教育信息体系构建虽取得了一些显著成就，但还需要拓宽研究视角，突出实践性。我们要从成人教育学的基本理论入手，构建具有时代性和针对性的成人教育信息化体系。

一、应用技术平台，推广远程教育

以《教育资源建设技术规范》为蓝本，推进实验仿真教学和在线学习的优质优化，在优化教育资源库统筹建设的同时，整体管理方式

由集中性资源收缩方式向开发性资源共享方式过渡，力求构建多门类、多元素的远程课程学习资源，保证有效的学习资源得以利用。

二、优化基础设施建设，完善信息平台

硬件资源和软件资源是信息化建设的主要支柱。在进行信息化建设时，必须以可靠的硬件资源作为支持，同时构建以多媒体设备、教学实践设备和互联网在线学习为主流的信息化硬件平台。目前很多成人院校已经投入使用办公自动化系统，但其下属的成人教育部门有自己的管理方法，这可能是成人教育的教学模式与其他教育形式不同导致的。另外，教学平台上师生互动模块使用率较低，原因是互动模块不具备即时性，学生提出的问题老师不能及时解答。因此，成人教育的信息化应着力建设用户平台，最终逐步开展各教研组、各学科的课程教学网站建设，大力提倡网络学习平台的建设。同时，还要逐步完善成人院校的教务教学管理平台，实时信息数据共享，消除"信息孤岛"，实现真正意义上的无纸化办公，极大地提高成人院校日常管理与教学工作的效率。

三、选聘专职教师，加强师资建设

教育信息化可以说是现代教育革命的重要组成部分。合理的阶段性建设目标是信息化教育、教学管理得以顺利实现的重要步骤。信息化教育是一个柔性的变革过程。

（一）制定方案，构建模式

科研和教学的需求，对成人教育教师的教学水平提出了更高的要求。吸引高学历、高职称、动手能力强、有开拓意识的优秀人才进入成人教育学院机构工作尤为迫切，只有这样才能保证实验教学及科研的顺利进行及仪器设备的最优化使用。因此，高校应该在切实提高教师地位和待遇的基础上，广开渠道，吸引优秀人才进入成人教育学院工作，从而解决成人教育学院教师学历偏低的问题。同时，学校要给

予这些人才充分的重视和培养，给予一些特殊的政策，打破论资排辈的积习，为他们提供良好的学习和工作环境，让他们利用所学专业之长，改进成人教学，优化教育管理。过去教师队伍信息化水平不高，在成人教育中，文献检索课因学时不多，往往开课不足，有的变成了"课外课"，有的是专职教师少兼职教师多，导致师资短缺，更有甚者并不开设文献检索课。这严重制约了成人教育课程教学信息化的发展。主要表现为：教师意识淡薄，很多老教师对先进的教学理论认识不足，而认识不足、信息化概念不清晰给信息技术的推动带来了一定的阻力，同时将大量的优质资源排斥在外，优质的信息化课程资源未能与学生的实际操作平台和实验平台相结合；教师的应用能力水平偏低，主要原因是成人高校对教师在信息化培训方面不系统。因此，应该培养一批专业化的信息技术队伍。

（二）加大培训，提升素质

教育信息化首先是人的信息化，因此，当务之急是提升教师运用信息技术服务于课程教学的能力。在保障当前教学正常进行的前提下，努力培养和发展一支具备现代化教学方法和教学经验的师资力量，按照专业教师的学科不同、年龄不同，分层次、有步骤地开展信息化技术培训工作。培训的要义是打消他们对信息化技术的偏见，着力于培养教师应用信息化设备的能力，并逐步实现技术交流与研讨。最后，在掌握基本技能的基础上提高教师的信息化素养，提高信息技术应用的质量和效益，努力建设一支具备信息化应用能力的成人教育师资队伍。从根本上讲，提高教师队伍的素质是加快成人教育信息化步伐的关键。成人教育教师运用信息技术服务于课程教学的能力是成人教育信息化最直接、最原始的动力。

拥有丰富的教学经验和较高的教学水平的师资力量，不仅能有效保障当前教学正常进行，也会推动成人教学的信息化进程，因此，应分层次、有步骤地开展信息化技术培训工作。培训的要义首先是采用合理和有效的方式推动成人教育整体事业的全新发展。第一步是适应操作软件升级的节奏。在成人教育教师有了利用信息化服务教学的意识以后，可以点带面地推动专职教师信息化能力培训，这时就要逐步更新培训内容，组织部分基础好、专业对口的教师开展信息技术与课程整合的培训与学习，强调技术交流与研讨。第二步是掌握信息安全的维护和管理能力，不断提高成人教育教师的信息化素养。信息技术在使用过程中存在着很多安全风险，维护和管理信息安全至关重要。

（三）切合实际，强化实践

通过校企合作每年分批派送技术人员到企业去实践，是提高教师专业能力的有效途径和措施。学校可指定技术过硬的信息技术专家或专业能手指导教师进行具体操作，并要求成人教育学院的教师尽快熟悉操作流程，了解当前专业发展新形势。

（四）科学考评，提高积极性

为了能更好地发挥教师利用信息化技术的积极性，提高整体教学水平，学校需要设计多渠道、多手段的综合评价体系，全面客观地衡量教师的成绩，从而提高教师各方面的综合素养。

四、统筹办学形式，构建信息体系

信息技术资源视角下的成人教育需要构建信息体系，有效促使更多的人参与到学习之中。

一是要构建成人教育的外部知识网络体系。在信息化建设的推动下，成人教育自身必然会扩大与外部环境因素的信息互动，形成相互影响的链状结构，因此，可以利用信息技术来构建以自身为网络核心组织，包含学生、政府部门、企业、行业、人力市场、上下游合作伙伴、上下游学校及其学生等在内的各种类型的从属组织的知识网络体系，这些从属组织之间存在较强的知识互补关系，并能在相互之间开展协作式的知识管理。通过该知识网络，核心组织将自身所需的各类知识、信息、资源融入组织内知识链的运作中，从中发展自己的核心竞争优势，并以多方共赢为目标，使各个网络从属组织也可获得直接或间接收益；通过与这些网络从属组织的合作，实现各层次领域信息资源的共享，获得更广泛的、大量的信息和知识，进一步完善自身的教学结构、管理模式和组织体系，实现多领域、多层次、多方位的发展目标，进而以自身核心竞争力的提高来带动整个网络组织的核心竞争力的提升，创建具有自身特色的成人教育优势品牌。传统的成人教育已无法适应信息社会的需求，未来的成人教育机构要通过推进信息化建设提升自身竞争力。信息化建设要以创建成人教育品牌为最终目标，制定合理的信息化建设战略，坚持信息化与管理、教学过程相结合，重视各种信息资源的收集、管理和分析并构建外部的知识网络体系。

二是开发全新的网络教材，教材内容应该能够反映社会发展的情况，如科学技术、文化交流情况。在网络教学中，教师还要优化教学方式，可以根据时代的发展，利用信息化手段，将理论与实践有效结合，最终提高教学水平。

三是构建开放式教育资源的使用，采用开放式教育资源可以帮助成人教育构建人才培养模式，实现资源共享，促使学生通过利用学习资源发展自身的个性，形成性格与能力的互补。

第三节 成人教育的信息化建设途径

一、明确目标，做好准备

（一）读规范，明要求

根据成人教育实施方案，了解成人培训要求，明确网络操作要求。在具体的实施过程中，依据教育部"成人培训指南"的具体要求，以"构建实效课堂，提升成人教育课堂实施能力"为主题，按照"通识培训、诊断示范、成果展示、总结提升"的流程精准实施，为成人学生送去教育新理念、新知识和新方法。

按照成人教育网络教学的规划要求，有效落实网络教学、网络研修及整合资源的组织与实施工作，保障线上线下各项工作的有序开展。

成人教育学校应以网络研修与培训相结合的工作策略，秉承"服务学员、服务教育、服务社会"的办学理念，站在高等教育改革与发展的前沿，以"引领成人教育潮流，促进学员发展，服务高等教育，打造名优人才"为主旨，着眼宽度，为成人学生的发展夯实基础；注重深度，为成人学生的发展聚积能量；追求高度，为成人学生的发展引领未来。

（二）传信息，督学情

通过各种线上方式与成人学生进行积极有效沟通，及时准确地传达学习通知、活动安排等，及时督促成人学生上线学习，保证教学质量和教学效果。

（三）建网络，构模式

建构三级网络模式，促进成人教育均衡发展。为了有效开展成人教育培训工作，促进广大成人学生自主成长，学校需要建立以学院为本的三级培训网络新机制，即基层面的培训引领机制、同区域间院校联盟的培训协作机制、国内成人教育高等院校与国外成人教育高等院校的培训管理机制。同时，成人教育高等院校还要建立"院校—教研组—学生个人"的三级培训网络运行机制，及时了解成人学生的学情，借鉴出色学生的学习经验，制订适合的学习计划，并以简报的形式上传。

二、建设网络教学平台，助力成人教育建设

（一）建立平台

网络教学平台由硬件系统和软件系统组成。近几年，很多成人教育院校的校园网都能满足学院日常教学和办公的需求。网络教学平台建设包括教学资源的组织管理和使用及教学行为的组织管理、实施和监控等。购置、租用、自建是网络教学平台的三种建立方式，每种方

式都与学校的成人教育规模有关。如果规模较小，可采用租用平台的方式；如果规模较大，则采用自建或购置平台的方式。同时，要以实际教学、媒体化方法、实验仿真教学和在线学习为重心建设成人院校教育教学网站，在优化教育资源库统筹建设的基础上推进课程资源的优质优化。在知识形态上，由集中性资源收缩方式向开放性资源共享方式过渡，力求构建多门类、多元素的课程学习资源，保证成人学生的全面发展。

（二）用好平台

网络学习虽存在一些问题，但我们更应看到网络学习的良好效果，开放的网络平台，平等、民主、对话、合作的氛围，能让每一位学生发出自己的声音，从而调动学生的参与意识和主人翁责任感。学生们的交流与互动，实现了问题的多点求解、观点的广泛碰撞，这也真正实现了学生培训在理念、内容和形式上的创新。利用网络工具可培养学生养成专业交流的习惯、尝试思考的习惯，从而推动学生树立终身学习的意识。通过在教学管理、科研等方面深入应用网络工具，可实现信息技术与教育的全面深度整合。网络学习将成为成人教育提升专业技能的重要途径。

三、丰富内容，创新网络环境

（一）建体系，促融合

首先是构建信息体系价值链。我国成人教育的信息化经费投入、资源整合等都存在很大的提升空间，而信息体系价值链是解决这些问题的前提。其次是实现信息资源的融合与互补。成人教育是整个社会发展重要的构成要素，通过各种信息资源与社会资源的融合，实现我国宏观教育发展的层次性与多元化，已成为未来发展的主要趋势。

（二）发话题，促研讨

结合各阶段的学习内容和特点，发起相关网络研讨话题和活动。

如发起"谈谈你对职业的幸福感""新时期学生有哪些困惑"等每个学生都感兴趣的话题,激起学生热情讨论。利用网络,采用任务性教学模式,以完成任务为动力,把知识和技能融为一体,倡导学生主动参与,以学生为主体,师生合作、生生合作,体现教与学的互动交往。教师根据教学内容,设计几个教学任务,写出要求,鼓励学生根据提出的问题,小组合作分析问题、解决问题,培养学生的自主性和积极性。

（三）批作业，解疑惑

对学生提出的问题，教师要通过网络及时解答，并通过互动的方式解疑释惑。

（四）写简报，享成果

根据成人教育工作方案的要求，教师要及时通过网络发通知，撰写和发布学习坊简报，对全坊研修工作做实事求是的总结，激励先进，鞭策落后，让全坊成员共同分享学习成果。

（五）建渠道，利沟通

教师要建立工作坊群，引导学生加入工作坊，组织学生上线预热，建立坊间沟通渠道。

四、开放课程，强化线上线下建设

（一）基于 Moodle 的网络课程资源建设

Moodle（Modular Object-Oriented Dynamic Learning Environment）即模块化面向对象的动态学习环境，是一个用来建设基于 Internet 的课程和网站的软件包。Moodle 平台依据社会建构主义的教学思想，即教育者（教师）和学习者（学生）都是平等的主体，在教学活动中，他们相互协作，并根据自己已有的经验共同建构知识。

1. 提高对 Moodle 的认识

Moodle 对于改变教与学的方式提供了技术环境支撑，促进了良好的基于社会性软件进行学习的氛围的形成。教师能在课堂上熟练使用信息技术工具辅助教与学，将信息技术应用作为评价手段，尤其是为学生清晰展现学习任务和配套的教学资源。同时，构建有针对性、实效性的教师培训，通过培训活动进一步理解信息技术课程标准，解决教师课堂教学实践中的困惑与问题，切实提高区域教研、校本教研的有效性，从而调动信息技术教师的工作积极性。

2. 教学内容的组织架构

（1）教学内容的设计

首先是对相关的教学目标、学法指导、先行背景资料、教材中的教学案例进行有机整合，对知识内容进行模块化的分层设计。其次是构建教学内容的呈现方式和顺序，遵循认知弹性理论，将传统的文本课程转化为呈现方式多样的立体化多媒体课程。最后是生成性资源的设计，在教学过程中，通过建立数据库，使学习者努力参与到资源建设中，从而提高学习者的积极性。

（2）学习活动设计

学习活动设计需要根据学习目标自由组合活动类型来实现。活动的设计可以采用"问卷＋投票＋专题讨论＋作业＋Blog"的模式进行。

（二）Moodle 平台在成人教育教学中的具体应用

1. 创设情境

在使用前，要先让学生熟悉 Moodle，排除技术障碍。

首先是创设情境，情境能够在很大程度上反映真实世界，同时采用任务驱动的方法激发学生的学习兴趣。其次是享受学习过程，学生可以利用 Moodle 的资源模块选择相应的内容自主探究知识，从而突出学生在学习过程中的认知主体地位。同时，Moodle 为学生提供了广阔的协作学习空间和多种协作学习工具，如讨论区可促使一个小组或班级共同完成一项任务，大家一起学习并一起分享学习心得。在合作探究的学习过程中，促使学习者形成批判性思维和创新性思维。

2. 实现课下自主学习

成人网络课程可帮助学生高效利用课外学习时间，利用学科教师设计的丰富课程资源，学生能提高学习效能，一是在 Linux 系统下使用 Apache＋MySQL＋PHP 进行安装建设；二是通过后期的调试进一步调整、完善课程设计。

3. 落实线下，重在实践

学习的目的是为了应用，管理者要给学员强调，要把网上所学应用于自己的课堂实践，并利用管理员的身份与各学院业务领导就网络研修深入探讨，取得一致意见。一是探索慕课应用新模式。随着开放课程建设的不断深入和新的教育教学形式的出现，学校应探索慕课应用新模式。高校应根据需求的变化和学科、专业的发展，及时提供课程、资源和教学活动定制与整体解决方案，开创"MOOC＋SPOC＋线下课堂"等线上线下相结合的教学模式，有效服务于高校的校内翻转式、混合式教学。成人网络课程在创建时可以选择"主题方式"，在编辑状态下为某一节课内容增加一个教学资源或增设一个教学活动。这样学生可根据课程里面的资源进行自主学习和协作学习，从而最大限度地提高自身的学习效果。二是巧用，在成人网络翻转课堂实际教学过程中，可通过课上组织学生讨论的方式让学生内化知识点。例如，在"视频信息的加工与表达"内容教学时，可在 Moodle 平台上明确"视频信息的加工与表达"的学习目标，然后利用专门的视频编辑软件将照片转换为演示文稿、网页、微视频等不同形式，以便学生间讨论、交流，且由此内化讨论和交流的知识。

4. 开发课程，内化知识

成人教育网络教学的关键环节和核心内容是开展在线开放课程。随着慕课、翻转课堂、微课等新型课程的出现，人们对在线开放课程的建设内容、建设方式、建设流程的认识更加清晰，在线开放课程不再是传统课堂的"搬家"，而是根据课程资源的组织结构、数据类型、文件类型、命名方式配置数据结构。自建、购买、转化是在线开放课程的三种建设方式，自建方式就是成人教育高等院校组织课程建设团队在线开放课程；购买方式就是购买适合本院使用的在线开放课程；转化方式就是将已有的课程资源进行转化处理。因课程受时间、师资、经费等因素的限制，成人教育高等院校应逐步加大自建课程比例。这种多级教育联动模式，既基于校本，又不拘泥于本院。成人教育高等院校活动既有本院特色，又可借鉴他人的经验，大大调动了各院成人教育培训的积极性，有效地促进了成人教育的均衡发展，为创立开放式成人教育培训提供了成功经验。

首先是精心研制方案，促进成人教育精准实施。为进一步做好成人教育工作，我们应以高等教育改革和学员专业发展的实际需求为导向，以解决成人教育教学实践中存在的突出问题为突破口，以提高成人教育教师综合素质为目标，有效促进学生自主成长和学院内涵发展，研究制定适合本院区域内实际的"成人教育方案"。明确"培训工作目标"和"全员参与、突出需求、突出实效、自主共享、区域共享、成果创新"等引领成人教育培训的"工作原则"；细化"启动—实施—总结"三段实施步骤和"学员专业知识、学员专业能力、教育教学管理"三大项培训内容；倡导"侧重课堂教学、采取自我反思、凭借同伴互助、依靠专家指导、通过院际合作、着眼专业发展、突出探索创新、确立专项课题、锁定方向任务、利用网络平台"等十项成人教育方式；制定成人教育学时管理和保障措施；等等。成人教育方案的制定，为精准开展成人教育奠定了坚实的基础和提供了有力的保障。

其次是开展丰富的培训活动，引领学生的专业发展。以某成人教育学院为例，一是开展"七个一"岗位练兵实践活动。"七个一"即"阅读一部好书籍，研究一项好专题，写出一篇好文章，点评一节好课例，做一次专题讲座，建一个工作室，掌握一项新技能"。这项活动不但有利于形成一支一专多能型的培训队伍，也有利于促进学生实践能力的提升。同时，还要结合"七个一"的开展，重点在"掌握一项新技能"方面，由学院组织对全体学生进行以网络平台的使用技巧、线上线下平台的应用、网络作业的提交和教师课后等级评价技术等为内容的"信息技术应用能力提升"培训，还要定期开展汉字输入、PPT 课件制作及 Excel 表格制作大比拼活动，有效提高研修学生应用信息技术指导研培工作的能力和水平。二是开展转换角色模拟汇报活动。为进一步抓实学生队伍建设，进一步提升成人学生的研究、指导和服务能力，在扎实开展"七个一"岗位练兵实践活动和成人学生素养大赛的同时，也需要在全体学生中开展"假如我是……"转换角色模拟汇报活动。这项活动分副院长模拟院长、部室主任模拟副院长、普通教职工模拟部室主任三个层面。该转换角色模拟汇报活动，可增强学生的角色意识、主人翁意识、服务意识，提高研修队伍的综合素质，进一步提升成人学生的研究指导力和研培引领力。

（三）基于"SPOC"教育模式的构建

"SPOC"条件下的成人教育成为教育与互联网科技领域关注的热点话题。其不仅是信息技术与教育领域全面深度融合的最新成果，有效克服了课程涉及面大而全、课程划分不科学、先期投入过大、结课完成率较低、资源浪费严重、学习过程难以监控、考试诚信度难以保障等弊端。

"SPOC"教育模式构建过程包括三个阶段，即调查与分析、规划与导入、反馈与调整。

调查与分析。即对学校能不能满足社会人士对学历与素质提升的内在需要等问题进行科学分析，最终形成正式的调研报告交有关领导，等待进入下一个阶段。

规划与导入。即在前期调研与征询各方面反馈意见的基础之上，共同构建责权明晰、动静结合的规划方案。

反馈与调整。即肯定成绩、固化优势、查找不足、纠正偏差，推进成人教育水平进入一个新的更高阶段。

"SPOC"主要通过在线观看"MOOC"教学视频、完成作业习题、参与研讨交流等方式进行；线下教学采取"面对面"的方式，在专职教师的指导与帮助下完成个性化辅导、实操实练、考核讲评等方面的任务。翻转课堂是"SPOC"教育模式的典型案例，主要通过线上线下混合的教育模式帮助学生接受知识、锻炼思维、完成练习、掌握技术、通过考核、修满学分，具有较高的适用性。"SPOC"课程的小规模性、在线性、私密性与成人教育具有的目的性强、知识关联松散、交互较浅等诸多特点相契合,其特性满足了动态多样、不一而足的成人教育个性化需要。"SPOC"课程的小规模性既能保证每一名学生的参与程度,又能够保证成人学生依据自身实际情况参加学习。另外,具有一定的私密性的"SPOC"课程,利用电话、QQ、微信、Email、手机等客户终端即可与教师同步异地交流,在隐私保护上占优势。

"SPOC"课程虚拟与现实相互结合、线上与线下相互融通、过程性评价与结果性评价相互补充的优势,对于课程内容和教学质量来说有一定的保证,确保了学习内容与教学进度难易适度、快慢适中、稳步推进。教师的功能职责主要是做好与课程相关的数字媒体教育资源的开发,建设课程题库,布置课后练习题,参加与学生的互动交流,进行线下实体课堂的解疑释惑,等等。学生的职责主要是参加测验与考核,参与学习群组讨论,线下将个人的感受和意见反馈给教师或"SPOC"平台。"SPOC"最终课程考核评价采取多种方法综合运用的方式进行,这确保了考核过程的科学性、公正性与严肃性,可有效遏制成人教育市场的无序乱象。

总之,"SPOC"教育理念与技术手段已成为成人教育领域科学发展的一种新的技术支持与模式选择,是各成人学校顺应信息化时代的必然选择与学校可持续发展的战略决策。"SPOC"的兴起并不意味着传统课堂教学模式的终结,而是为成人教育环境的重构提供了新的模板与定向。各高校在建好校内"SPOC"平台的基础上,也应服务于广大的社会人群,助力成人学生实现高校梦、学历梦、技能梦。

五、高标准,严要求

网络研修这种形式为成人学生的学习和提高提供了方便、快捷的学习平台。但存在的问题是,个别学员对网上学习态度不够端正,抱有应付思想,缺乏创新意识,作业敷衍了事,多是下载现成的东西或复制他人的作业交差事,学习只是为了拿学分;有些教师因为教学任务繁重,对网络学习无多大兴趣,原因是其把主要精力用在课堂上,忽视了再学习、再提高;有的学生参与交流的意识和能力还不够强,发帖回帖的数量不多,在群里不能积极参与交流;部分学生应用信息技术能力差,完成作业、参与活动等还得现用现学或靠他人帮助;再者有些年岁稍大的学生对网络技术的接受程度相对滞后,有一定的畏难情绪。对于这样的情况教师要弄清楚。为了能够把线上学习工作做好,教师可制定"骨干"标准以激励学生,同时要向学生明确,骨干学生学习的标准要高于普通学生。这样学习目标明确,可督促学生在研修过程中不能懈怠,要一步一个脚印,踏实而有实效。

六、注重研修,重在实践

学习的目的是为了应用,教师要给学生强调,要把网上所学应用于自己的课堂实践。

① 根据网上学习内容,结合项目实施计划和各校校本研修实际,找准问题切入点,将网络研修所学及时用于课堂,切实提高自身的教学技能,优化课堂教学效果。

② 找准日常教学中存在的问题,反思线上视频相关讲解,进行精准研课、磨课,研成真成果。

③ 把学习内容与网络研修紧密结合,培养学生的职业情怀,促进学生的专业成长。如通过学习优秀案例,提高学生的践行能力,深化职业理解和情怀;使参培学生更深入地了解成人教育的课程目标体系,把握成人教育课程学习的重难点,促进成人教育教学理念的转化,提高学生信息化学习能力、教研能力和专业发展水平。

第四节 成人教育信息化管理策略

一、创新理念，坚持信息化教学

（一）信息化建设要以创建成人教育品牌为最终目标

观念的更新是成人教育改革与发展的核心。成人教育信息化建设也应跳出传统的观念，破除"为信息化而信息化""信息化缺乏战略规划""信息化缺乏科学的管理"等的阻碍，是创立品牌的先决条件。同样，要用全面的、跨越的、长远的眼光来考虑，以创建成人教育品牌优势为目标，并贯穿信息化建设的全过程。

（二）制定合理的信息化建设战略

针对目前的现实情况，同时综合未来发展的战略要求，制订一个3至5年的信息化战略规划，并确立实施步骤和可测量的目标，尤其是要根据成人教育在未来学习型社会中的地位及社会需求来确立相应的信息化建设战略。

（三）坚持信息化建设与管理、教学过程相结合

各级地方高校在响应信息化建设的同时积极成立了教育信息化指导机构，职业院校也将信息化进程列入日程，而很大一部分高校缺少成人教育的信息化建设计划。成人教育的信息化建设异常不顺，相对于其他同类高校的信息化建设，成人教育信息化建设存在师资力量缺乏、教育经费不足、中高端人才短缺和规划方案缺失等问题。一方面，是由于政府的支持力度不够；另一方面，也与当前的软、硬件环境相关，在注重网络资源、计算机设备等硬件的前提下，却忽视了信息化教程、多媒体信息化软资源的配套跟进，未能形成有效的保障体制和机制，难以满足大力发展成人教育的要求。由于政府经费投入不

足、各级教育部门对成人教育重视不够等原因，成人教育的信息化建设还不能很好地满足信息社会和网络环境下成人教育教学的实际需要。成人高校信息化设施建设不平衡，信息资源匮乏，使用率低下，导致成人教育信息化建设的效能不高，工作进度相对缓慢。可见，推进成人教育信息化建设与管理、教学过程相结合，推进成人教育的网络化进程是时代发展的需要。通过信息化建设把成人教育的各种规范及要求"固化"到相关信息系统中，使成人教育传统的招生、财务、教学及学籍管理、学生服务及信息存储等环节能动态、及时、准确地实现监控、跟踪、反馈、提醒、报警等功能；以网络化的信息交换方式，连接考生报名、注册、学习、考试、财务等各业务环节，实现整个教学业务闭环的自动化、规范化，使以上这些业务子流程形成一个完全的、无缝整合的和统一的主业务流程，确保成人教育核心业务系统的信息畅通、准确和实时，并形成负反馈的大闭环系统进行自适应的资源调节和分配，使各业务部门之间可以开展有效的协作，充分共享资源和成果，从而以高效率、低成本保证对教学的管理，最终使管理决策层能利用信息系统来掌握和管理整个系统的业务情况。

二、拓宽途径，实现多元化教学管理

一是要实现教学管理的开放性。电子学籍注册、学籍管理、学籍异动，培养执行计划、教学任务书管理、排课、网上选课、选课管理、选课调整，教室调配、考试安排、成绩管理，优秀生选拔、教学质量评价、教学信息发布，教学参考书、毕业论文（设计）选题管理、教学资源查询，等等，都属于教学管理的庞大系统范畴，各子系统都要实现开放式教学管理。

二是要实现教学管理的交互性。信息化教学管理可以解决以往一些工作因手工操作所带来的随机性大问题，实现从学生注册收费、学籍管理、学生培养计划、计算机排课、网上选课、考试安排、成绩管理、就业指导到校友信息等的一整套信息管理，有效增加了各部门工作的合作性。

三是教学管理趋向虚拟化。数字化校园建设可为学校的跨地域业务管理提供坚实的基础，不但能降低劳动强度，而且还能使人员的脑力价值得到提升。

三、加快步伐，完善信息化平台建设

信息化建设最依赖硬件资源和软件资源的支持。硬件资源是指信息化过程中需要的一些必需的硬件设备，软件资源是指信息化建设中需要的师资力量。因此，在进行信息化建设时，必须兼顾硬件资源和软件资源，以可靠的硬件资源作为支持，同时吸纳更新鲜的互联网资源和信息化资源作为成人学生的实践资源，构建以多媒体设备、教学实践设备和互联网在线学习为主流的信息化硬件平台。在推动信息化软实力的同时，一方面要加强原有师资力量的稳定提升，另一方面要吸收外来新鲜的资源，在进步中前进，在前进中进步。

成人教育的信息化不仅包括硬件设施的信息化，还包括用户平台建设。在加强硬件管理和资源库建设的同时应着力建设用户平台，最终应以成人院校的网络平台主页为轴心逐步建成对外宣传界面、对内教学资源库、在线教学系统、在线测试系统、行政办公系统等子系统群。逐步开展各教研组、各学科的课程教学网站建设，大力提倡成人教育教师建设个人课程教学网站，并将其链接到网络学习平台，使学生随时可以浏览课程相关的学习内容和信息。

部分成人院校已经在使用教务管理系统对学生成绩等信息进行科学管理，但学生的学籍管理几乎是每个学校的缺口，因此，成人院校还要逐步实现和完善教务教学管理、学生成绩管理、招生信息管理、学籍学历管理、政教管理、教研管理、后勤总务管理等综合性信息化应用，达到成人教育工作业务的综合性、共享性信息化管理，使各部门实时共享信息数据，消除信息"孤岛"现象，实现真正意义上的无纸化办公，极大地提高成人院校日常管理与教学工作的效率。

四、完善空间，拓宽学生的沟通渠道

（一）原始资料的整合

依据业务部门及管理决策层的实际需求，通过门户整合、数据整合、应用整合、内容整合、流程整合等手段使分散的客户信息集中到统一的中央数据库，并在安全性规则的控制下跟踪和管理学生的历史资料。

（二）做好学生信息资源的增值工作

重视信息化建设中各种信息资源的收集、管理和分析。由于教育行业的特点，相关机构可以收集到大量精确而丰富的客户资料。而这部分资料由于多年积累导致数据量非常庞大，并且分散在不同部门的不同地方，存放于不同的系统之中。因此，需要考虑业务部门及管理决策层的实际需求，针对不同类别的数据，确定相应的数据处理规则，通过门户整合、数据整合、应用整合、内容整合、流程整合等手段，最终把清洁数据完整地导入系统，并在安全性规则的控制下在各部门间乃至教师、学生和管理人员之间实现充分共享，使学生的历史资料能被跟踪和管理，促使管理决策层迅速发现管理中存在的问题并且制定出未来发展策略，最终提高学生的满意度。

目前在全国成人教育办学实体中，真正把成人学生信息登记下来的少之又少。姓名、工作、联系方式是成人学生的基础信息，除此之外，还要搜集学生特有的学习信息如个人学历背景、人际关系、知识需求等，以此为基础全方位地挖掘学生资料，以便实现对学生信息的全方位查看和对学生网络关系的仿真模拟。同时，以此使学生信息实现价值增值，使其真正成为成人教育的核心竞争力因素。

五、精选素材，构建开放的网络课程体系

（一）开放课程的建设

在线教材是图形、表格、文字、声音、动画、视频等多维信息的集合。我们要从中筛选、整理出教学中需要的素材，通过一些软件直接处理，把现成的教学软件、数字视频还原成可以再使用的独立课件。

（二）开放课程的选择

网络学习具有很多优势，也有其局限性。要想更好地发挥网络学习的优势，就要充分体现学员的自主性和教学的时代性。网上资源的无限共享性受到越来越多的学习者的欢迎，但是缺少辅导教师面对面的评价和监督，学生无法将需要、内驱力和目标三个相互影响、相互依存的要素连接起来，无法通过内驱力的驱动达到目标。声形兼备的网络开放课程可驱使学生去实现这个愿景，开放课程为个体学习提供了焦点和能量。

网络课程渗透了系统论的指导思想，在网络课程中还可以设置一些适合职场需要的学习内容，如职场技能、科技情报和专业电子期刊等内容。

新时期课程建设应用与共享成为利用信息技术推动教学改革的重要议题。一些大规模的在线开放课程的兴起对成人教育产生了巨大影响。在这场大潮之下，以慕课为代表的成人教育在线开放课程得以蓬勃发展，且慕课资源和辐射范围渐成规模，在推进在线课程建设与应用等方面均做到了高质量、高安全、高效率和优服务。因此，我们应该借鉴和采用国际知名慕课平台先进技术，为成人教育的网络课程建设和应用提供有效支撑，为学习者提供个性化的服务。

六、共建共享体系，实现协同合作

依托成人教育的学科门类，可与教学指导委员会合作开展课程群建设，推动在线开放课程在教学中的广泛应用。一是建设精品在线开放课程。在确保技术支撑、教学服务、数据分析和网络运营安全的情况下，拓宽成人教育的服务体系。二是创建交互话题。网络的交互性比教室内的师生互动范围更广，在网络课程学习中，学员不受时间、地点的限制，可实现知识点理解、应用的共享。三是开设自主性的网络课程。自学知识、观摩演示、观察案例、寻找信息、探索问题解法、交流研讨、构建作品、自我评价是网络课程的自主学习内容。

七、完善管理，建立信息交流平台

（一）熟悉平台，用好平台

教师作为综合坊主，从开课第一天起，就要通过QQ、微信、短信、电话等手段，多渠道、全方位、立体式地向学员详细介绍网络平台，比如，如何进入个人主页，如何选课，如何看课，如何创建话题，如何跟帖，如何开展"研讨活动"，等等。为了将相关的信息及时传达给学生，可在平台上及时发布《致全体学生的一封信》、本坊公告和坊主"温馨提示"，让学生感到老师就在他们身边，让学生明确学习要求及近期目标。

（二）明确目标，加强管理

作为以"网络学习"为主要特点的"研修"，学生往往觉得这样的学习形式是"虚"的，学得好与不好无所谓，反正没有老师现场监管。为此，从一开始就要让学生感觉到老师的存在。培训开始后，以《致综合坊学生的一封信》的形式发布"看课、作业、参与活动等学习要求"的公告，让他们明确本次"研修"的具体要求及目标。为了让每一位学生能按时完成每一模块的学习任务，还需要加强对本坊的管理。"坊主"每天早上第一件事就是进入个人管理平台,浏览学生学情,并将学情在平台或 QQ 群、微信群发布,让每一位学生知道自己的学习进展情况。对学习成绩优秀的同学进行表扬,对学习较差的学生给予鼓励。对上线不积极的学生,老师就打电话直接与之沟通,或发微信、发短信、QQ 留言,希望他们能处理好工学矛盾,正确对待并努力完成学习任务。正是有了过程的监管,学生各项学习数据才会稳步上升。

(三)履行职责,关注学生

对于每一模块的作业,老师要在先看完每一阶段的每一个视频课程后再批阅,做到全批全改。老师要认真阅读,对每一个学生的作业进行评分,指出其优点及不足,力求做到公平、公正。也要在 QQ 群中与学生们讨论教学问题、交流教学得失,尽力帮助学生解决学习中遇到的问题。

八、善于反思,建立信息反馈系统

成人学生是学习的主体,教师传授给学生知识的同时,也要关注学生的反应情况,以便在课堂教学中有针对性地进行调整,改进教学方法、优化教学策略,以达到良好的教学目的。为此,教师应该掌握获取相关信息和处理好这些信息的办法。

(一)预习效果的信息反馈

预习是一种培养成人学生学习的有效途径,是一个重要的教学环节。首先以导学提纲提前布置预习内容。成人学生可依据教师发的提纲,自己预习知识,从而提高自主学习意识,培养自主学习能力。成人学生若课前预习效果好,课堂展示就会有的放矢,收放自如,可取得事半功倍的教学效果。这样的学生,教师要鼓励表扬。反之,没预习或预习不认真的成人学生,他们只是被动地听老师讲,有时跟不上老师的思路,回答不上老师的提问。对待这样的学生,教师要耐心地指导他们进行预习,课堂上给他们机会,使他们获得成功的体验。同时，教师可根据学生的预习情况及时调整导学提纲，让它更好地服务于课堂教学。

（二）学生表现的信息反馈

在上课时，教师要时刻关注学生的反应，要观察学生对知识掌握的情况，根据学生的接受情况，调整教学方案，使课堂节奏适应学生。现在比较高效的课堂学习模式是自主合作学习，但教师若在教学过程中遇到较难的知识点时，也应该适当运用讲授法，慢慢对学生进行引导。根据学生的表现总结经验，如用什么方法引出新知识，怎样用身边的事例去解释一个抽象的概念，如何创设情景，什么能引起他们的兴趣，等等，用这些经验来指导今后的教学。

（三）课堂学习的信息反馈

课堂学习的信息反馈是教学信息反馈中重要的一环。在课堂上，教师要特别关注学生的反应情况。如果成人学生一脸疑惑，则可能是教学内容没听懂，教师要及时换一种方法重新讲解或补充讲解。如果学生学习热情不高、不积极时，教师要及时调整教学内容，激发成人学生的学习兴趣。如果有学生出现情绪不对等情况，教师在课后应与其谈心，了解情况，针对原因，辨证施治，帮助成人学生排除扰乱学习的各种因素，让成人学生积极参与到课堂活动中来。

（四）掌握情况的信息反馈

作业是课堂教学的一种辅助手段，教师通过作业批改可以知道成人学生是否完成作业及学生还有哪些知识没有学会，及时调整课堂教学，并利用课余时间进行辅导。对个别学生存在的少数问题可进行单独辅导，对共性的普遍问题则进行全面辅导。利用"错题集"让成人学生记录自己做错的题型、不会的知识点和正确的答案，这样可以节约大量时间，使学生集中精力进行重点复习。每学完一部分后，教师设置阶段性测试，检测成人学生对所学知识的掌握情况，并通过批改试卷得到信息反馈。对答得不好的题，教师要找出原因，采取有效措施，进行补充讲解，举一反三。教师也要将测验结果及时反馈给学生,力争第二天上课就点评,让成人学生明确自己不会的地方,方便学生确定今后努力的方向。表扬进步大的学生,调动学生的学习积极性和自觉性;鼓励考得不好的学生,给他们更多的课堂关注和课后辅导,并制定通过努力可以达到的目标。

(五)业余时间的信息反馈

课后是教师获取丰富的反馈信息的一种途径。因为下课后学生们放松了,不受拘束,他们会畅所欲言,告诉你他们喜欢什么样的教师、爱上什么样的课,教师可以按照这个方向改变自己,教学相长。

作为一名教师,一定要转变观念、勇于探索,通过收集学生的反馈信息,不断反思和总结,改进教学方案,取得最佳的教学效果,从而提高课堂教学效率。

九、以人为本,完善激励体系

激励机制的建立应以人为本,着眼于成人学生的进步和发展。积分排行评价应以激励为主,发挥学生的主观能动性。对于他们即使是很小的进步也及时给予肯定与鼓励,从而让他们产生积极情感,变消极为主动,这同时也培养了他们的成功感。积分排序法不仅有利于师生之间课外的交流,还有利于激发学生的学习热情。教师的精神激励应该发自内心且充满创新,具有真情实感,应多样化和切合实际。

(一)积分排序法

通过在网络学习平台设置学生积分排行榜,激发其学习的积极性。对于积分排名在前的学生颁发荣誉证书,对于坚持学习并通过测试的学生,则分别授予从小学生到博士的头衔,对于多次获取荣誉的网络学习者奖励其进一步学习的机会。

(二)精神激励法

精神激励是通过不断地引导、激发人的自我价值实现这一最高精神需求,为个人学习引来源头活水,带来不竭的动力。

（三）物质激励法

物质激励是指运用物质的手段使受激励者得到物质上的满足，从而进一步调动其积极性、主动性和创造性。物质激励包括奖金、奖品等。

十、构建科学的评价体系

（一）建立 UML 评教体系

UML（Unified Modeling Language）又称标准建模语言。UML 的目标是以面向对象图的方式来描述任何类型的系统，具有很宽的应用领域。UML 评教体系将评价分为四个层级：反应层，学习层，行为层，效果层。各层次在反应层次的评价上列出主要内容和评价方法。其中的平均分数法是统计学中的一个集中量，它结合统计学中的集中量和差为模糊评价奠定了理论基础。

（二）网上评教系统的主要 UML 模型

1. 系统的类图

类图是利用描述符号来显示类、接口、协作及它们之间关系的构造块。在 UML 的静态机制中，类图是设计人员实现的核心，建模工具也主要根据类图来产生代码。在 UML 中通过编程语言来建模，体现系统之间的关联、聚合、组合、泛化、依赖关系。

2. 学生评价教师及结果查询

由图 3-1 可知，学生评价的数据库表与结果查询的数据库表分开。学生评教结果表是在相应课程号、课程名称、课程类型的基础上编写学生的学年、学期、学号，以及教师编号、测评项目编号、测评选项名称、测评选项分值等，最后是查看历史评教记录、开始本学期评教两个功能。

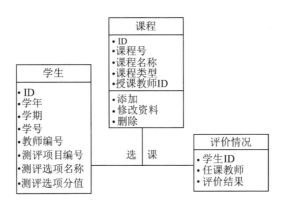

图 3-1 学生评价及结果查询图

3. 教师自评及结果查询

由图 3-2 可知,教师自评及结果查询图编写学年、学期、教师编号、最高学历、密码等明细,查询教师各项得分明细及平均分。编写教师的课程号、课程名称、课程类型、授课教师 ID,每位教师对自己的师德师风、备课上课、学生管理等方面进行自我评价。

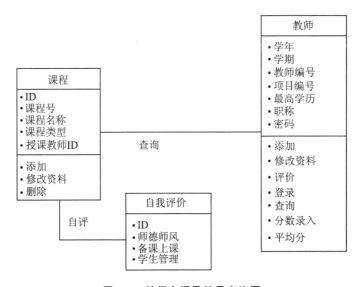

图 3-2 教师自评及结果查询图

4. 管理员进行数据库维护

为防止受到攻击,管理员需要进行数据库维护(图 3-3)。使用存储过程可以显著降低被攻击的可能性。有了用户名查询存储,就可以不通过字符串串联来查询用户名。另外，使用服务器缓存功能，有助于自动维护数据库管理系统，记录维护次数，从而有效提高学生评教的质量和水平。

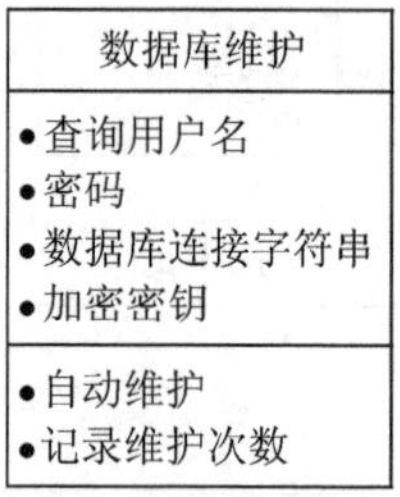

```
┌─────────────────┐
│   数据库维护    │
├─────────────────┤
│ •查询用户名     │
│ •密码           │
│ •数据库连接字符串│
│ •加密密钥       │
├─────────────────┤
│ •自动维护       │
│ •记录维护次数   │
└─────────────────┘
```

图 3-3　管理员进行数据库维护图

5. 系统的活动图

(1) 教师修改个人信息

教师凭借账户密码登录进行身份验证，经系统验证后查看数据库（图 3-4）。如果任教科目出现变化，可以增加课程，在登记课程信息后查询相应课程的数据库，在列表中显示专家查课，根据评价对象增删教师信息，打开数据后进行评分统计并发布新结果。

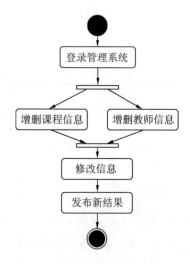

图 3-4　教师修改个人信息活动图

（2）学生参与评教

UML是一种可视化的面向对象模型的分析语言，是一种从软件分析、设计到编写程序规范的标准化建模语言。UML实现建模能呈现给用户简洁、清晰的可视化数据查询，更利于信息的沟通和交流，大大提高了开发进程。学生参与评教活动后，后方系统在掌握评分细则基础上进行数据导出和数据统计（图3-5）。

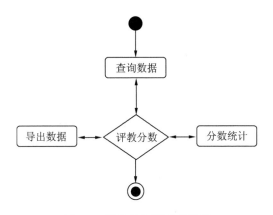

图3-5　学生参与评教活动图

6. 系统的用例图

（1）识别参与者

首先我们要捕获用例的需求，设置参与者识别系统，主要包括识别端口、识别工具、识别程序的设置，系统通过程序调动，自动分配参与者任务（图3-6）。

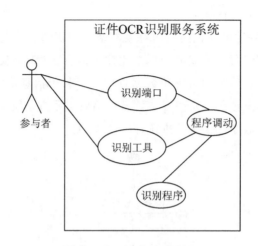

图 3-6　识别参与者用例图

(2) 确定系统用例图

确定系统用户，进入评教系统中的"登录""查询信息""评分"三个模块。用户进入系统登录后会参与评价，用户可以对查询信息提出异议，也可以查询课程信息、评价信息和个人信息，并进行信息记录（图 3-7）。

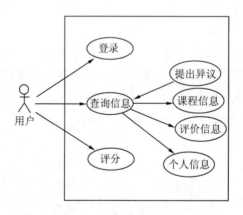

图 3-7　确定系统用例图

(3) 创建用例图

确认系统用例图后，就要创建管理员和用户两个参与者，管理员在用户资料维护的基础上进行管理员维护和导出资料。管理员维护系统要进行用户资料的添加、修改、注销，以及评分查询。普通用户进行角色信息维护，系统负责用户信息更改和用户资料管理两个功能。数据库把所有的评教数据存储在不同表中供查询和确认。用户评教修改系统的设定，要实现学生账号与任课教师账号对应，利用原有教务网络管理系统，在所选课程与任课教师之间建立关系，修改好后系统会自动统计评教分数，最后显示结果（图3-8）。

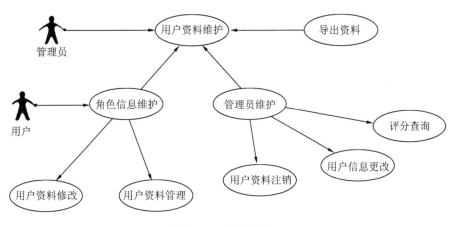

图 3-8　创建用例图

第四章

学习型社会与成人教育模式创新

第一节　我国目前继续教育模式的基本问题

第二节　我国成人教育在发展中遭遇困境

第三节　学习型背景下我国成人教育"新"模式的探索

第四节　城乡一体化背景下农民职业教育体系的构建：以苏州为例

第五节　新常态背景下社区教育共同体建设探析

进入 21 世纪，人们的学习方式逐渐多元化，家庭教育、学校教育、工作培训、远程教育（图 4-1）、网络教育（图 4-2）及其他各种人力资源开发形式广泛存在，使终身教育、终身学习得以实现，正在形成全民学习、终身学习的学习型社会。在这种社会里，教育必将超越学校的范围，开放、多样、终身的成人教育将作为学校教育的一种补充，成为实现学习型社会的一个重要方面军。

图 4-1　远程教育

图 4-2　网络教育

在当今经济全球化、政治多极化、文化多元化、信息网络化的背景下，世界各国的教育资源随着全球化浪潮而广泛流动与相互渗透。我国成人教育面临着前所未有的困难和挑战。我国成人教育的发展与"重要方面军"的历史定位还不相称，因此，有必要反思成人教育的发展模式，寻找一条新模式的出场路径。

第一节　我国目前继续教育模式的基本问题

随着我国经济社会的不断发展，建立学习型社会已经越来越成为人们的共识。一些城市制订未来社会经济发展规划时，也把建设学习型社会作为目标。而建立学习型社会的核心内容之一就是把学习视为一种开放性的、全方位的、持续的过程。作为终身教育的重要组成部分，继续教育所倡导的不断发展自我、开阔视野、提高自我修养和创造的能力与学习型社会的基本理念不谋而合。因此，继续教育不应再处于整个教育系统的边缘，而应成为教育系统中越来越重要的组成部分。然而，我国继续教育模式还存在以下主要问题。

一、教育主体的单一化

超越学校教育的范畴，社会共同参与教育是学习型社会的基本特征。在学习型社会中，教育功能不再为学校所特有，相反教育被广泛而切实地扩充到整个社会中。学习型社会的核心是学习，就是人们可以依照自身的需求便利地获取学习的机会。要达到这一目标的前提是要建立全方位、多层次、网络化、立体化和开放式的继续教育体系。在西方，继续教育已经成为一个网络化的、多中心的教育体系，在这一教育体系中，学校、社区和企业及各类中介组织都成为其中不可缺少的教育主体，构成了相辅相成的有机教育体系。例如，在西方继续教育体系中扮演重要角色的社区（图4-3），基本上已经成为继续教育体系中不可或缺的一环，人们更多的时候是从社区而不是从大学来获得学习机会的。同时，在学习型组织、学习型企业及学习型机关等口号和理念的影响下，人们所生活和工作的几乎每一个地方都已经成为学习的有效平台。而在我国目前的继续教育模式中，学校——特别是高等院校或脱胎于高等院校的教育机构，则成为人们获得继续教育机会的主要的，有时甚至是唯一的渠道。企业及各类社会力量和中介组织应是继续教育的主体,但目前这些主体对继续教育的重要性认识还不足,加之自身存在的各种问题,因而还没有真正承担起继续教育的基本职责,而是远离了我国继续教育的体系,使得我国的继续教育体系呈现出严重的教育主体单一化的特征。而这种单一化的特征显然是与学习型社会的教育特点不相符的,它大大地抑制了人们学习的主动性和热情。

图 4-3　社区在西方继续教育体系中扮演着重要角色

二、教育主体的行政化色彩浓厚

学习型社会强调的是人人参与的、多主体的、灵活的、开放的教育模式。在这种教育模式中,政府虽然扮演着重要的角色,但政府的功能被限制在制定继续教育的法律法规,建立良好的制度体系以促进继续教育的健康成长,以及对相关的教育主体进行有效的资助上。在具体的教育方式和内容等方面,各教育主体具有很强的独立性和很大的独立活动空间。这样,政府行政机构与教育主体之间就建立了一种良性的互动,这有利于教育主体依照市场的需求及人们不同的知识结构和年龄阶段而制订灵活适用的教育计划和教育形式。但是在我国,承担继续教育职责的机构或组织与相关的行政机构之间依然存在着很强的行政依附关系。一般来说，在我国的继续教育体制中，继续教育机构多数是以院（处）等分支形式存在于普通高校之中的，只有少数为独立成人高校。人权、财权和决策权对于许多成人教育机构而言成为可望而不可即的"水中月""镜中花"。这种行政化的继续教育模式导致的必然结果就是严重制约了教育机构在实施继续教育中的主动性和创新性，在教学形式和内容上过于僵化和陈旧，这反过来自然会影响人们对继续教育的热忱和兴趣。

三、继续教育与市场脱节

继续教育兴起的重要原因在于社会的发展使得人们对于不断提升自己成为一种要求。市场与继续教育之间存在着非常紧密的联系，如果继续教育不能灵敏地反映市场需求，并通过不断创新来满足这种需求，那么继续教育就失去了其存在的必要性。在西方建立学习型社会的过程中，通过多元化的继续教育模式，如企业、社区、中介组织等机构承办继续教育的灵活形式，较好地解决了这一问题。但是在我国，继续教育依然跟市场需求存在着一定的差距，对市场反应迟钝。这里至少存在着两方面的原因：一方面，继续教育的教学内容缺乏有效的市场评价机制。在我国的继续教育评估体系中，评估指标体系的制定和执行基本上来自政府相关部门，而能够较为客观地反映教育质量和水平的社会及市场力量在其中的影响很小。另一方面，继续教育机构之间缺乏有效的市场竞争机制。由于很多继续教育机构隶属于某些实力较强的高等院校，其他相对独立的社会教育机构难以与之形成竞争，这大大淡化了市场力量在我国继续教育中的影响。因此，继续教育脱离市场也就不足为怪了。

当然，除了上述以外，目前我国继续教育模式中还存在着不少问题，如现代化的远程教育技术还没有普及等，这在很大程度上制约了人们对教育资源的分享。

第二节 我国成人教育在发展中遭遇困境

我国的成人教育在发展模式上，走出了一条以普通高校为主要依托的、具有中国特色的成人教育发展道路。我国的成人教育是以普通高校为主要实施机构而广泛开展的。特别是自 1986 年我国推行全国统一的成人教育招生入学考试制度（图 4-4）以来，高校所负担的成人教育的职责越来越突出，成人教育的质和量都得到了长足的发展。随着高校扩招和高等教育大众化时代的到来，成人教育步入了发展的快车道，办学规模逐年扩大，办学层次逐步提高。但是事物是在矛盾中前进的，一方面成人教育的发展形势不错，另一方面成人教育的旧模式在发展中遭遇了困境。

图 4-4 成人高等学校招生全国统一考试现场

一、制度困境

我国的成人教育是以高校为主阵地的教育。一方面，它汲取了高等学校的办学经验，充分利用了高等学校的资源，为发展我国成人教育打下了基础；另一方面，它也承袭了学校教育的一些弊端，带来了成人教育"普教化"问题。陈永华就这些弊端做了很好的研究，他认为，这些弊端包括：① 教育系统的封闭性。成人教育机构对学习者的入学资格、培养目标和学制、学习费用、教学时间、教学形式、教学内容、学习方式、考试发证等有多方面的规定和限制，使社会上大部分成人得不到平等接受高等教育的机会。② 个性发展的受制性。成人教育机构是由严格的管理体制、稳定的运作程序、配套的规章制度等支撑的准行政机构，用强制的方法管理成人学习，忽视了个人的学习要求、个性发展等因素。③ 培养目标与过程的趋同性。本专科的成人教育往往是普通高等教育本专科的"翻版"，成人教育的特殊性、特色性被漠视了。④ 知识传递的滞后性和重复性。成人教育机构以教师和教材为中心，然而教师的教育理念是"传道授业解惑"，着重在知识的阐述、演绎、记忆、复制上，自身知识更新不足，跟不上时代发展的要求。[1]

二、现实困境

以上制度困境表现为一种历史定在，形成了"有限意义上的"制度环境，它不断从成人教育实践活动中退出，沉淀下来，一方面物化为可察觉的客观形式，另一方面在理性之光的照射下，投射为可分析的历史形式，可以用"现实困境"概括之。

（一）纵向层面的"一波多折"

改革开放以来，我国成人教育与整个成人教育的发展历程相伴而

---

[1] 陈永华. 成人高教发展模式探索 [J]. 中国成人教育，2001 (8)：26—27.

行,可用"一波多折"来简明概括。所谓"一波",就是从总趋势上看,"文革"后我国成人教育的恢复、发展犹如滚滚波涛,起势汹涌,续势澎湃。所谓"多折",就是新时期成人教育的发展并非一帆风顺、一路坦途,而是几经波折。每一次在制度上的徘徊都会带来成人教育事业的低谷和调整,每一次在制度上的突破都会带来成人教育事业的热流和升温,而在寻求新突破期内,我们尤其要注意可持续发展问题,以避免大的震荡和波折。

(二) 横向层面的挑战

全球化进程,尤其是教育的全球化给我国的成人教育带来的挑战,主要体现在以下几个方面:其一,办学理念相对滞后。与发达国家的成人教育思想观念相比,由于没有将成人教育作为大众化教育的重要组成部分,作为建构终身教育和学习型社会的重要途径,我们的成人教育观念明显滞后。其二,办学形式比较单一。英、美、日等成人教育发达的国家,其成人教育办学形式具有多样性、开放性和灵活性的特点,尤其是社区学院、开放大学、技术学院、短期大学(图4-5、图4-6)、专修学校、继续教育学院等成人教育形式发展迅猛。其三,管理机制相对落后。从总体上看,高校如何管理成教学院、成教学院如何管理教学与教育对象等,还不太科学。其四,专业设置缺乏特色。发达国家的成人教育专业设置完全以社会需求为导向,充分体现了针对性强、突出应用或实用的特点,而我国的成人教育专业设置则缺乏明显的特色。其五,教育质量亟待提高。我国的成人教育一般都没有专职教师队伍,只能依靠高校师资力量和社会上的离退休教师,教学质量有待提高。其六,办学秩序有失规范。发达国家的成人教育市场伴随着成熟的市场经济,已走上了法治化的轨道,而在我国,为了多拉生源,有的学校没有在提高办学质量上下功夫,而是采取不正当的手段招揽生源,恶意竞争的现象时有发生,严重扰乱了成人教育的市场秩序。[1]

---

[1] 王万舫,卢菊江.成人高教面临的挑战及对策[J].教育与职业,2004(30):26—27.

图 4-5　札幌大学女子短期大学部

图 4-6　金泽美术工艺短期大学

第三节　学习型背景下我国成人教育"新"模式的探索

一、学习型社会中的教育理念

20世纪70年代以来，西方国家兴起了一场声势浩大的教育理念的变革，这场变革的核心内容就是从传统的学校教育或者学历教育理念向学习型社会条件下的教育理念转变，打破过去那种以学校为单一的教育平台及以获取学分和学历为主要目标的僵化的教育形式。迈向学习型社会成为世界主导性的教育思潮。在很多人看来,随着社会的不断发展,信息化、全球化发展的趋势不断增强,以及人与人之间交往的日益密切和竞争的日益激烈,不断提升自身的综合素质已经成为一种不可避免的趋势,任何人、任何组织和团体如果不能在当今的社会中通过不断的学习来发展自己,那将意味着其不能立足和发展。"人们认为,存在着社会制度,它的结构正在发生迅速的变化,个人必须获得相应的知识或技能,以适应这个制度。总之,制度及其结构是独立于个人的,个人必须接受教育,以适应社会或工业的结构性需要。"[1]在这种趋势下,"学习型社会"的概念开始在西方国家流行起来。美国教育家罗伯特·哈钦斯最早论述了"学习型社会"这一理论,他于1968年提出,对所有成年男女,仅仅经常地为他们提供定时制的成人教育是不够的,还应该以学习者的成长及人格的构建为目的,制定相关制度,促使其实现学习目的,并在此基础上,建立一个自主转变观念和人人奔向成功的社会。联合国教科文组织也强调,未来社会应是一种"学习型社会",其内涵是在任何情况下,每一位公民都可以自由地取得学习、训练和培养自己的各种手段和机会。在这种学习型社会中,教育不再是一种带有强制性的义务,而是公民对社会的一种自觉的责任。[2] 20世纪80年代末90年代初以来,西方发达国家纷纷通过各种措施以促进学习型社会的形成和发展。1991年,美国政府提出了"把美国变成人人学习之国""把社区变成大课堂"的口号,要把美国建成西方学习型社会的典范。而到了20世纪90年代中期,西方发达国家一致认同"通过较好的教育和培训,发展一种终身学习的文化,对人增加投资"。1994年,在意大利罗马召开了"首届世界终身学习会议",并成立了"世界终身学习推动小组",提出了"21世纪的终身学习行动方案",其中包括了促进学习型社会的18项重点措施。

---

[1] 彼得·贾维斯.成人教育和继续教育社会学[M].贾宗谊,冯彬,戴增义,等译.北京:春秋出版社,1989:26—27.

[2] 许正中,江森源.学习型社会[M].北京:中国环境科学出版社,2003:4.

与传统的教育不同，学习型社会的教育理念强调的是主动学习和交流的能力，包容的、系统的思维方式，创造和自我超越的意识，以及自主、开放、健康的人格。具体说来，学习型社会的教育理念主要包含以下几个方面。

首先，在学习型社会中，教育是一种全面开放性的、自由的教育。这种开放性和自由包含两个方面的含义：一是从受教育的机会上来看，教育向全社会的所有人开放。在传统的教育中，不同程度的教育通常只向特定的人群开放，这些人群一般来说受各种条件的限制，例如性别、年龄、民族、职业及身体条件等要求。而学习型社会的教育则倡导为全社会愿意学习的人提供受教育的机会，凡是有意吸取知识养分、提高科学文化素质和专业水平的社会公民，均可以根据自身的具体情况来选择自己感兴趣的学习项目，通过学习或提高专业水平和能力，或培养个人的情操和兴趣。二是从学习阶段上来看，学习型社会的教育强调的是一种不间断的、连续性的，甚至是终身的学习。传统的教育强调的是阶段性的学习，并且把学历作为某种阶段学习的象征。而学习型社会摒弃了这种以学历为主的阶段性学习模式，强调学习是一种终身的行为，人们应该充分利用自己的闲暇时间来不断提升自己。任何人，只要认为自己有必要通过学习来使自己得到进一步的发展，不管是在什么年龄阶段，都可以通过灵活的方式来获取知识。任何组织和个人都无权阻止人们学习的爱好、兴趣及提高自己学习能力的努力。

其次，在学习型社会中，教育更多强调的是发展人，而不是单纯地为了就业等功利性的目的。在传统的教育体系中，教育的学习者主要是学习某种职业技能（技术）的谋职者，学习只是谋生（职）的手段。而在学习型社会中，教育的目的由就业转变为人的综合素质的提升及个性自由的发挥。虽然，从学习型社会的教育看来，就业依然是学习的一个重要压力，但不是关键性的压力，更不是个人不断学习的唯一动因。如何在新的社会环境中不断提高自身的生活质量才是学习的重要目的。从就业与经济发展的关系上来说，教育的目的不应培养学习者只从事一种特定的终身的职业，而应培养适应知识经济社会需要的、有能力在各专业中流动的人，并培育他们自己的欲望，为完善自己而不断地学习。[1]

最后,在学习型社会中,教育被视为整个社会的事情,而不仅仅是学校和受教育者之间的事情。教育是关系到整个社会不断发展的一个重要问题。因此,社会中的各种单位、部门、组织及相关的团体都应该承担起相应的教育职责,这是社会责任的一种体现。在学习型社会中,对于普通人来说,意味着处处都是学习的机会,处处都是学习的平台,而不仅仅囿于学校。可以看出,与传统的教育相比,学习型社会更多地把教育看成是一种生活方式和生活态度。

二、对成人教育发展"新"模式的解读

"发展"问题由全球性发展实践的大潮推动,继而受蓬勃兴起、不断嬗变的发展科学的冲击,终于突进到教育哲学视野。各种成人教育发展观应运而生。作为成人教育发展问题的解答,成人教育发展"新"模式理论已经成为目前国内专门研究的核心课题,具有代表性的有如下观点。

(一)依托模式

在成人教育体系之中,普通高校所承担的成人教育发挥着举足轻重的作用,是我国成人教育的主力军。因此,依托发挥高校办学优势的发展模式仍将占主导地位。但单纯依靠一种模式已经远远不够了,社会的所有部门都有参与、承担教育的责任。因而,我们要逐步建立与完善有利于终身学习的制度,学校要更进一步向社会开放,调动企业、社区、大众媒介等办学的积极性,以达到资源共享,优势互补。

(二)内涵式发展模式

内涵式发展模式是指成人教育在资源投入基本稳定的情况下,通过办学手段和方式的创新来盘活存量,优化教育结构,改革和完善学

---

[1] 戚锦阳.学习型社会创建与继续教育发展[J].宁波大学学报(教育科学版),2005(3):39—41.

科及专业设置，提高教育资源的合理配置，增强其共享率和使用率，实现提高教育质量、增强办学效益的目的，从而建构的成人教育发展范型。

（三）规模扩张型发展模式

与内涵式发展模式不同，它是成人教育在资源投入不足的情况下，走以内涵式发展为主，外延式发展与内涵式发展同时并举的发展道路。外延式发展的实质是扩大增量，为此要改革体制，多渠道增加投入并形成多元办学主体。

应该说以上发展模式针对性很强，极具实用价值。在教育资源有限的情况下，内涵式发展模式和规模扩张型发展模式分别从盘活存量和扩大增量两个方向考虑了成人教育的发展问题。这三种模式有一个共同特点，即它们都承认高等教育作为一个制度系统，对其发展模式通常要从客体向度来思考，即试图把原有的发展模式改造成一个充分体现新思想的客观的制度化模式，主动变革"有限意义上的"旧制度环境，并实现新旧模式的转换。然而具体问题是复杂的，它涉及诸多现实的过程及无穷多个变量的协调，涉及人们已形成的社会生活、教育心理和教育行为习惯，单纯沿着主动变革"有限意义上的"旧制度环境这条思路构想的结果，只能走向一个貌似全面，然而实践意义较差的结构模式。因为：① 存在"原生缺陷"。所谓"原生缺陷"有两类：一是从历时性来看总是问题不断，成人教育遭遇现实困境不是偶然的；二是制度化结构自身的内在规定性决定了矛盾的必然性，成人教育遭遇制度困境也不是偶然的。② 理性的有限性。在现代，成人教育制度化结构的理性设置特征更加突出，理性的构造意味着有效、实用并以理智推论为其内在基础，整个制度建构和变迁过程始终贯穿着人们"尽善尽美"的执着追求。因而在模式的运作中，不可避免地会产生许多往往无法通过单单依靠制度化方式解决的问题，比如，规模扩张型发展模式已经产生了教育质量滑坡、办学秩序失范等问题。所以从根本上说，它们无法根除制度化结构的"原生缺陷"。

三、超越性的"新"模式的出场路径：建构精神价值补偿系统

建构精神价值补偿系统是指回到成人教育本身，建立一系列有成人教育特色的突出文化内涵的理论系统，它在哲学层面表现为对目的的追问，在情感层面表现为具有彼此关爱的能力，在知识层面表现为就基础性的知识因素达成共识。精神价值补偿系统不断改变、引导、塑造成人教育自身，使其愈益成为一种"自为"的社会存在。和制度化结构不同，精神价值补偿系统表明的是为了提升人本身的生活品质和精神追求所做的一切努力。首先它不存在"刚性"制度结构（尽管精神价值补偿系统有物化的趋势），从而不需要再克服制度化结构的"原生缺陷"；其次它对行为不是用"对错结果"而是用"努力过程"来克服理性的有限性。总之，"真正把人们维系在一起的是他们的文化，即他们所共同的观念和准则"[1]。成人教育运作的灵魂不在于"刚性"制度结构的变化，而在于其背后的人文关怀。

接下来的问题是，如何建立一系列有成人教育特色的突出文化内涵的理论系统呢？

（一）在哲学层面追问一个目的

具有现实性和强制性的制度化结构只是依照功利化的内在要求推动人们去行动，它只告诉人们如何行动，却无暇顾及人类终极存在的价值论和目的论问题，仅仅通过逻辑分析和经验归纳的方式根本无法完成从"实然"到"应然"的超越，无法完成对成人教育的终极目的的追问。

当成人教育作为一种社会存在时，实质上可以归结为人的存在，是各种复杂或简单涉人关系的复合，因此，成人教育的终极目的是为了人本身，个人（人的单质存在）发展和社会（人的复合存在）发展应是成人教育的目的。这一目的具体包括帮助人们获得肉体生存的知

---

[1] 塞缪尔·亨廷顿，劳伦斯·哈里森. 文化的重要作用：价值观如何影响人类进步 [M]. 程克雄，译. 北京：新华出版社，2002：120.

识工具,帮助人们发现生活的意义,帮助人们学会怎样学习,帮助社区为其成员提供一种更加人道的社会环境,帮助私人部门和公共机构提高组织的聚合力。

（二）在情感层面培养一种能力

为什么当前成人教育一直有主体软弱无力的问题？这其中肯定有制度原因,但关键还是人与人之间的疏离感造成的。为此我们必须培养彼此关爱的能力,在两个层次上建立建设性的伙伴关系：其一是师生之间的伙伴关系。这种平等关系是教师和学生双方相互信任的自然结果,教师同样应当是学习者,而学生也可以成为"教师",教师和学生消除了森严等级,彼此接纳对方的不完善。其二是管理者与师生之间的伙伴关系。在成人教育中,管理者具有一种新的职能,他不再是一个凭借权威发号施令的全知全能的"神",而是一位将自己的有关行政经验和生动的个性加入学习中去的"向导",更多的是建立在爱、谦恭和信心之上的具有说服性的"软权力"。

（三）在知识层面达成两个共识

这里的共识是指在成人教育精神交往中主体间理解的协调、通约和一致,其以目的为导向,以情感能力为纽带,以基础性的知识因素为对象。成人教育中基础性的知识因素有两个：一是课程。成人教育研究者的任务并不在于规定各门具体课程及其内容,而是重在探究为实现成人教育目的应如何进行课程的选择和组织等问题。要体现人本身这个终极目的,就要遵循"帮助学生成长与发展"的原则,除了专业课程外,要注重培养包括数学、物理、历史、语言、艺术、道德、哲学等在内的知识素养,以陶冶其情操,使教育对象既能对自己负责,又能对社会负责。二是教学方法。要对传统的"填鸭式"教育方法持激烈批评的态度,主张伙伴式的对话教育,学习者应互相关爱、协作和成长。

总而言之,可以在方法论层面上把成人教育发展模式构成区分为制度化结构和精神价值系统。精神价值系统通过对人的精神世界的影响来调整人的社会行为方式,调整成人教育的历史走向和进程,从而在克服制度化结构的"原生缺陷"和理性的有限性中发挥重要的补偿作用。

四、我国继续教育模式的创新实践

随着我国市场经济体制的不断发展和完善，建立学习型社会越来越成为一种现实。要想建立学习型社会，就我国继续教育模式来说，从以下几个方面来进行创新是一种不可避免的趋势。

一是重新规范政府和社会组织在继续教育中的角色和功能。一方面，政府应该把主要精力放在继续教育法律法规的制定、执行和创造良好的发展环境等一些宏观领域，从而使一些具体的继续教育机构成为相对独立的、自主的教育主体；另一方面，应该积极培育和推动新的社会组织在继续教育中发挥更为积极的作用，如应该考虑如何建立更好的制度环境促使继续教育中介组织成长和发展。随着政府教育管理职能向宏观管理的转变，在传统教育管理体制下，原来由政府承担的许多专业化的咨询、评估、监督等管理职能需要分离出来，由专业化的社会中介组织来承担。同时，随着学校和各种社会教育机构办学自主权的扩大，面对激烈竞争的教育市场，学校也需要有专业化的社会组织为其提供咨询、指导和服务。另外，应该充分重视社区在继续教育中的重要作用。对于广大的普通人来说，由于很多时候是生活在自己所在的社区，通过社区来获得学习机会无疑十分便利，而且还能激发自身学习的兴趣。例如，在美国社区学院办继续教育就非常普遍，这类社区学院举办的继续教育大多是开设一种专攻技术并限于较低水平线的层次。[1] 而在我国，社区的功能还没有得到充分重视，这对于建立学习型社会的目标来说，是一个必须认真面对的问题。

二是推动继续教育走向市场化。继续教育是一种非义务性的教育，大量的工作是在职培训（图4-7），与市场有更为直接的联系，因此，继续教育要推向市场，要与市场接轨，利用市场机制搞好继续教育工作。如果说在过去很长的一段时间内，在市场机制还不发达的

---

[1] 刘富钊.国外现代继续教育制度与实施[M].成都：四川大学出版社，1989：10.

图 4-7　我国推行的各类在职培训

情况下政府主导继续教育具有某种合理性的话,那么市场机制的完善也使得在继续教育领域引入市场竞争机制成为一种必然。把继续教育推向市场化至少应该包含以下几个方面的内容:首先,把继续教育向市场开放,允许具备条件的组织机构通过合法的程序来投资继续教育。这需要进一步加快对成人教育投资体制和筹资体制的改革,重新设定继续教育的市场准入限制,并建立起合理的兼顾各方利益的教育市场退出机制,从而调动各方面的积极因素,形成以政府为主,多主体共同举办继续教育的新格局。其次,积极探讨各种灵活的继续教育办学体制。通过引入市场因素的方式改革我国现有的政府单独举办继续教育的方式,如国有民办、公办民助、股份制等多种办学模式,多渠道地筹措成人教育经费,利用市场机制最大限度、最合理地对教育市场资源进行调配。再次,应该建立更为有效的机制,让市场竞争的主体,也就是企业在继续教育中扮演更为积极的角色。企业往往是继续教育非常直接的受益者,可以考虑通过制定相关的政策促使企业更加积极地投入本企业职工的继续教育中去。

三是推动继续教育的现代化。充分利用现代网络社会带来的便利，利用现代信息技术发展更为灵活的远程教育，让广大百姓足不出户就能够非常便利地享受高质量的教育给自身带来的乐趣。这使得人们能够更好地选择学习的内容、时间及形式，从而省去很多现场学习所不必要的精力和物力付出。

第四节 城乡一体化背景下农民职业教育体系的构建：以苏州为例

2008年年底，苏州被列为江苏省唯一的"城乡一体化发展综合配套改革试点区"。城乡一体化并不意味着消除农村因素，而是指农村的城市化与现代化建设，指各种资源在城市和乡村之间重新配置。在城乡一体化进程中，农民的生活方式及生存状态都在经历着主动或被动的变化，深刻影响着苏州改革开放和社会主义现代化建设全局。开展农民职业教育、培养新型农民，是把城乡一体化进程中农村巨大人口压力转化为人力资源优势的根本途径，是统筹城乡经济社会发展、率先基本实现现代化的必然要求。构建农民职业教育体系，不仅可以服务于苏州新农村建设，也可为社会主义新农村建设提供可资借鉴的范式。

一、苏州农民职业教育发展现状

2010年，江苏省农业委员会提出"职业农民培训"计划，注重对农民实用技术进行培训，以满足现代农业对农业技术的需要。苏州市政府积极响应并走在全省前列，政府和行业协会组织专家学者成立涉农科技服务团，通过现场培训、田间传授等方式，推广农村和农民亟须的农业科技成果，把农民需要的实用技术传授开来，实实在在地帮助农民解决在发展生产过程中遇到的实际困难。苏州农民职业教育已涉及种植业、林业、畜牧业、渔业、农业服务业等五大行业。虽然苏州市政府和各相关部门高度重视、不懈努力，但农民职业教育的开展和广大农民的迫切需求，与提高发展现代农业、建设社会主义新农村等新阶段农业和农村经济发展的要求还存在差距。苏州得天独厚的区位优势,吸引了众多学子甚至海外游子返乡投身新农村建设。但是不可否认,苏州地区农村劳动力(年龄在17周岁到60周岁)总体文化技术素质偏低。从教育内容上看,在现有的教育中还有重技能轻素养的现象,忽视精神生活的层面,职业道德培训、文化生活培训领域更是空白。从教育方式上看,传播途径主要为面授,没有充分发挥远程网络的便捷性、普惠性。

(一) 行政行为与市场需求难以适应的矛盾

职业教育的特点是系统性和持续性,农业职业教育也不例外。可是,对没有经过正规职业教育的农民来说,仅仅参加三五次地方政府组织的农业技能培训或讲座,很难大幅提升自己所需要的专业技能。苏州市农民职业教育虽然涉及生产指导、守土培训、创业培训等多个方面,但体系比较分散,效果有限。现有的农民职业教育经费来源单一,在项目开发、师资组织上均以政府投入为主,市场参与的积极性不高。一方面,面对庞大的教育需求,单一的政府行为难以确保农民职业教育的可持续发展;另一方面,自上而下的顶层设计缺乏市场的有效反馈,不利于农民教育培训项目的动态调整。显然,应在政府的引导下,建立多元化的农民教育投入机制,用市场的机制和理念,强化、规范、繁荣农民职业教育事业。

(二) 农民教育培训与相关规章制度不符的矛盾

按照相关文件精神,苏州市农业发展方式正经历"从适应性、数量型向战略性、质量型转变"。在转变农业发展方式的大背景下,农民参加培训的权利与义务、培训准入制度、政策性拨款与补助等相关规章制度尚不完善,面广量大的农民教育培训与规章制度建设的相对滞后存在矛盾。

二、苏州农民职业教育的地域优势与特色

苏州地处富庶的长江三角洲的中心区,经济文化发达、起点高,

城乡一体化进程位于全国前列,这使得其农民职业教育有着与众不同的要求。

(一) 多层面教育模式

多层面教育是指教育渗透到人们生产和生活的各个方面,贯穿人生的全部过程,形式多样、层次多种的社会教育。其功能为全面提高人的素质,推动经济和社会的不断发展。这种模式的教育体系主要包括基础教育和成人教育两个方面。

1. 基础教育

在城乡一体化过程中,苏州农村剩余劳动力是否能够转移为一体化进程中所需劳动力,主要取决于劳动力本身的素质和就业能力。文化素质高的劳动者适应性强,能胜任多种角色,较容易转移就业;文化素质低且不具备专业技能者就业空间狭小,只能选择从事一些简单的体力劳动。因此,基础教育地位十分重要。对于苏州的青少年农民,其首要的教育需求是基础教育。教育过程中应强化教育观、质量观、人才观意识,充分发挥受教育者的主观能动性,使其积极主动参与;注重学生的学习态度和学习能力培养,使其获得可持续发展的能力。同时,要加强爱国主义教育、理想教育、道德教育和纪律教育等。

2. 成人教育

在苏州迅猛发展的城乡一体化进程中,成年农民面临失地、失业等各种各样的困难,以往在学校所学的知识技能及祖辈传下的经验已远远不能适应社会发展需要。因此,推进城乡和谐,发展经济,提高农民的整体素质尤为重要。农民成人教育应根据文化知识差异加以分层推进。第一层次为培训教育,包括生产技能培训及生活闲暇教育。第二层次为学历教育,主要针对有一定文化基础的新生代农民。第三层次为技术人员的再教育,包括知识结构更新、加强实际生产应用技能的培训。可采取纵横联合,多形式办学,如企业自办、村校综合办、依托大专院校联合办学等。"全面教育"符合现代世界范围内终身教育发展的总趋势,在不少国家或地区积累了较为成功的经验。通过对农民职业教育发展的考察发现,在我国"全面教育"适应于一些经济发展具有一定水平且农民教育搞得较好的农村地区，它的继续发展和完善，是我国农民职业教育今后发展的重要趋势。因此，"全面教育"已成为面向21世纪我国农民职业教育模式的良好选择，也是苏州农民职业教育的努力方向。

（二）创业培植模式

随着苏州城乡一体化进入新阶段，工作岗位的变更、农村经营组织形式及管理体制的变化，对农村劳动者素质提出了更高的要求，"懂生产、善经营"的全面需求催生了一种新的农民创业培植教育培训模式。创业培植主要是通过政策引导、信息服务、资金扶持和后援技术支持等手段，实现对农民进行系统和专业的职业教育培训与后续服务指导。如苏州市蓬勃发展的"净水渔业"，坚持科学发展理念，以转变渔业发展方式为主攻方向，加快推进现代净水渔业的发展。太湖流域的农民通过培训，掌握了"净水渔业"技术，通过适量放养鲢鱼、鳙鱼、蚬、蚌等以控制水体中的浮游生物，使国内外关注的太湖水污染问题进入了生物治理的新阶段，并收到了显著成效，走出了一条生态、社会和经济效益相协调的可持续发展之路。

三、城乡一体化背景下苏州农民职业教育发展思考

苏州经济飞速前进，农村产业继续优化发展，苏州市政府科技部门、学校科研机构应该大力支持关于苏州农业、苏州农民职业教育的研究。

围绕提升农民的综合素质，培育新时期的专业技术农民，首要任务是提高农民的思想认识。现代农业早已摒弃粗放型的传统劳作方式，家庭作坊式已不能满足现代农业发展的需求。要充分利用农民喜闻乐见的方式加大宣传，让农民真正意识到只有掌握农村政策、法律法规和更广泛的农业专业技能，才能适应新型城镇化条件下的现代农业的发展需求。其次要帮助农民不断更新经营理念，增强食品安全、水土保持等意识，逐渐提高自身的职业素养。适应城镇化和城乡一体化发展需要，开展务工技能和城市生活常识等方面的培训，着力提高

农民转移就业和在城镇生存的能力。对于有学习需求及有条件的一线中青年农民，可以依托农业广播电视学校、农业职业院校等教育机构，探索定向培养、合作开班的体制机制。针对农民学员适当放宽学制，引入过程考核及实践考核，为现代农业储备一批留得住、用得上的实用人才和职业农民。

教育内容应科学化，做到与时俱进。首先，农民职业教育的主要目标以生产教育为主，即对农民进行生产技能方面的培训，使农民学会一技之长，有谋生的手段。其次，在生产技能学习的基础之上，应向生活领域拓展教育培训内容，促使他们学会学习，转变生活方式和观念，在积极主动中享受生活乐趣和情趣。再次，对农民进行必要的政治教育，增强农民的参政议政意识，遵守国家法律法规，适应时代发展的要求。此外，开展必不可少的生态教育。要把环境保护与可持续发展的理念传输给广大农民，包括植树造林、节能减排、减少污染等知识。网络教育作为一种高效便捷的教育方式，既能满足知识快速更新的需要，又能解决农民因不固定的工作时间而产生的工学矛盾。苏州农民群体中已经拥有数量可观的网民，各级政府应充分发挥社区平台，广泛宣传和普及电脑与网络知识，培养农民通过网络学习的技能，营造良好的网络学习氛围。政府要组织相关机构开发适合农民使用的网络课程体系，融技能学习、生活指导、信息互通为一体。要严把教育内容质量关，在有余力的前提下，探索切实可行的农民网络教育盈利模式，为农民职业教育的进一步网络化提供物质保障。

各级农业行政管理部门要积极争取政府的财政支持，强化农民教育培训事业的公益性地位，将农民教育培训经费列入财政预算，逐步形成稳定增长的长效机制。按照政府主导原则、服务产业原则、因地制宜原则、需求导向原则，建立更多的农村图书馆。农村图书馆是农民接受农业专业技能最便利的场所，选购的图书要紧贴农业、农民的需要。要建立更多的农业合作社等涉农行业协会，根据自身发展需要，开展丰富多彩的农民教育培训，逐步构建起市、县、乡相互衔接，社会各界广泛参与的农民教育培训体系。结合苏南现代化示范区的要求，在政策、资金等方面对涉农培训机构进行扶持，鼓励把教育培训的课堂设在农民的家门口。同时，结合苏南现代农业的发展趋势，开设更加有针对性的培训，及时把农业新技术和新成果转化为浅显、通俗、形象、易懂的教学资源。

第五节　新常态背景下社区教育共同体建设探析

党的十九大报告提出要完善职业教育和培训体系，办好继续教育，加快建设学习型社会，大力提高国民素质。这充分表明，以提升国民素质为导向的继续教育在构建社会主义和谐社会中具有重要的价值。社区教育作为无围墙的大众教育，在其中无疑发挥着重要作用。尤其在城镇化加速发展的背景下，打造和睦的现代社区，落实政府惠民政策的"最后一公里"，实现对社区的有效治理，更需要发挥社区教育的功能。然而在现实中，社区教育还存在一些不容忽视的问题。例如，社区教育资源的开发、共享和统筹整合与社会需求还有差距，在完善终身教育体系、实现教育与社会的广泛融合方面还有很多工作要做。加强社区教育共同体建设，形成教育合力，实现社区内各部门协调合作和促进社区教育的可持续发展，不仅能为社区教育提供有效路径，也将对社区治理起到积极的协助作用。

一、社区教育共同体在社区治理中的重要功能

德国著名社会学家斐迪南·滕尼斯（Ferdinand Tönnies）认为"共同体"是"通过某种积极的关系而形成的群体，统一地对内对外发挥作用的一种结合关系，是现实的和有机的生命组合"[1]。共同体不是某种单纯意义上的形式的机械结合，而是人、教育、环境彼此相连的外在的"形"和内在的"神"有机统一的生态系统。社区作为人们社会生活的共同体，是城市治理的基本单位和最小单元，是基层社会的重要组成部分，包括地域空间、设施资源、居住人群、行为规范、文化习俗、社会关系等。在此基础上通过调配资源，适应个体不

---

[1] 刘阳. 论教育共同体的内涵与构建原则[J]. 当代教育论坛，2014（4）：35—42.

断变化的需求,社区每个成员都能得到良好的教育和发展,从而提高自身的文化素质和生活质量,以此构成社区教育的内核。在这一过程中,遵循开放与共享的发展理念,以共同志趣和学习效果的实现为目标,对社区教育资源进行优化组合,以发挥资源的最大效用,促进社区各方主体和谐发展,基于共同的理想、目标、任务而形成的具有共同价值观念和思想意识的相对稳定的合作组织,即为社区教育共同体。它是区域内的成人教育学校、社区学院、行政主管部门、企事业单位等不同个体以提高社区居民素养为核心而组建的合作组织。约翰·杜威(John Dewey)最早将"共同体"的概念引入教育领域,强调教育共同体是具有共同愿景的教育从业者通过平等对话和交流活动,最大限度地发挥优势的组织。可以看出,共同愿景、同一性、彼此的信赖和安全、对话和分享是教育共同体关注的焦点。对于社区教育共同体而言,各方的共同愿景、彼此力量的和谐与均衡、精神的结合与融合具有决定性的作用。也就是说,作为一种非正规的教育形式,社区教育共同体不是单纯意义上的形式组合,而是内在精神与外在形态的有机融合,是多元主体交互合作并融为一体的社会公共生活协作系统。

社区教育共同体是社区居民接受教育的有效方式,在社区治理中发挥着重要功能。社区治理强调的是在地方政府的支持和引导下,以增进和分配社区公共利益为根本目的,社区居民共同参与社区公共事务管理,实现社区公共生活整体利益最大化。[1] 这意味着社区治理是各类治理主体、客体等要素之间通过制度化和规范化的合作机制相互作用的动态过程,其要解决的是大量人口导入引发的多种社会矛盾、社会资源的调配和整合、居民广泛参与社区教育管理的积极性、市民对社区的归属感和责任感提升等问题。由于社区治理在本质上暗含着一个基本前提,即面向社区全体居民,凝聚社区力量,培育社区共有的价值意识,引领社区居民积极参与社区管理和服务活动,且社区治理牵涉的机构较多,有学校、卫生机构、体育机构、图书馆、博

---

[1] 张瑾. 社区教育的社区治理功能透析[J]. 山西农业大学学报(社会科学版),2017(6):6—11.

物馆、文化活动中心等（图4-8至图4-13），所以打破行业、组织之间的壁垒，提高社区居民的整体素质、文化水平和生活质量，是推进社区治理的应有之义。实际上，这也是社区教育共同体服务于社区治理、融入社区治理的重要内容。具体而言，社区教育共同体能够凝聚社区资源，聚集社区成员学习的力量，培育居民的社区价值观和对社区的认同感，提高社区成员的文化水平、职业技术能力和社区治理的参与意识，形成彼此交融、互相影响的学习组织，从而推进人与人、人与社会的协调发展，增强社区凝聚力，提高社区自治能力。

图4-8　社区学校

图4-9　社区卫生机构

图 4-10 社区体育设施

图 4-11 社区图书馆

图 4-12 社区博物馆

图 4-13 社区文化活动中心

二、社区教育共同体建设面临的问题

开放与共享是现代社会的核心理念。社区教育共同体基于共同的目标追求，合理调配享有的教育资源，最大限度地调动社会各方的力量，注重多元合作，突出教育在促进社区居民全面发展方面具有的本质价值，显现开放与共享的社会理念。然而，在社区教育实践中，社区教育共同体在组织框架、资源整合、合作学习等方面还存在不少问题。

（一）社区教育资源分布不均衡，共享机制不健全

社区教育是一个涵盖资源提供者、受益者、媒介技术的生态系统。只有该系统内的资源有效流动，才能形成健全的共享机制。总的来看，目前我国社区教育资源缺乏统一的协作机制和有机联系，主要表现在以下几个方面：其一，社区教育资源分布不均衡。社区内政府机关、学校、图书馆、文化活动中心、博物馆、老年大学等教育资源充足，是社区资源开发的主体力量，企业、私营机构教育资源相对不足。社区隐性资源丰富，如人际关系、文化建设、居民的归属感等，但存在着重视程度不高的问题，需要进一步开发、提炼和利用。其二，社区教育资源缺乏横向交流与合作及必要的统筹协调机制。多元合作是社区教育共同体赖以生存的生命力。由于辖区单位众多，条块分割，行政管理分散，为了自身发展利益，行政部门之间的横向合作不够紧密，相互之间缺乏统一协调和有机联系。而且作为教育资源的物力资源具有专属性，致使社区教育资源利用渠道不畅，责任不清，共享机制尚未形成，共享的实际效果有待提高。其三，社区教育法治建设滞后，规章制度建设不够健全。目前尚没有专门的社区教育法律，这无形中增加了社区教育资源开发的难度，给社区教育资源的整合共享带来了阻力。

（二）相关机构参与社区教育热情不高，社区成员学习自主性不足

社区教育不同于基础教育和高等教育，是一种"大教育"，涉及的单位较多，各个单位在教育发展的共同愿景方面态度不一，同时居民的认识度、参与度不高，因而社区教育发展不平衡。例如，资源充足的单位和机构往往各自为政，只对特殊群体开放，资源开发和共享的热情不高，而积极参与社区教育的部门办学能力较弱，缺少足够的

资源，无法建立校际合作共同体。社区教育中师资力量缺乏，专职志愿者少，也给社区教育活动的深入开展带来了不利条件，制约了社区教育中知识的传播及其共享功能，影响了社区教育的管理水平。此外，社区成员学习的自主性和能动性不足，尤其是一些老社区，居住者以中老年人为主，信息技术设备的拥有率、利用率低，其自主化、个性化学习缺乏优势。居民对社区公共服务缺乏深入了解，主动参与社区教育的热情不高，呈现明显的滞后性。这就无法形成一个良性运行的社区教育共同体系统。围绕社区教育发展繁荣的目标，应进一步加强社区教育的辐射功能，提高社区资源的利用效率，使教育实现从一种谋生手段向促进个人发展的本质回归。

（三）市场有效介入社区教育共同体的水平不高

社区教育共同体建设首先遇到的问题是：谁来建设？这就涉及责任主体的问题。一般而言，从社区教育资源供给主体的视角看，有政府主导型、学校主导型、双向参与型、市场运作型、企业倡导型等。总的来说，我国的社区教育工作责任主体是各级教育部门，但因为教育部门对街道、社区等直接指导和推动的力量有限，所以与社区关系"貌合神离"，社区教育共同体建设很难落到实处。同时，社区作为社区教育的实际执行部门，受现行管理体制的影响，存在严重的行政化、烦琐化倾向，例如，社区每年要承担众多的事务性项目，这严重制约了社区教育的推进。此外，在目前情况下，社区教育共同体建设存在职能不分、各自为政、资源闲置、共享效果不佳等情况，政府、学校、社区三位一体的社区教育机制受阻。基于此，进行市场运作，加快市场有效介入社区教育共同体建设的步伐，可有效避免社区教育水平不高的情况。例如，引入企业的技术、服务、设备，与企业开展项目合作，为企业有偿提供服务平台等，都是提升市场有效介入社区教育共同体的手段。

（四）社区教育共同体与社区治理融合度不够

社区教育及其共同体建设与社区治理均根植于社区，有着共同的价值诉求，可围绕社区发展，提高居民素养和自我发展能力，凝聚社区力量，增强居民的幸福感。落实社区治理实践之需，社区教育共同体有着显著的优势和得天独厚的条件，它能够有效利用和整合多元环境，形成协调一致的价值取向，使全体成员共同参与决策，为共同目标的实现而努力。将社区教育共同体与社区治理相融合，能整合多元教育环境，化解社区教育发展困境，在学校和社会之间建立有效的互动机制。但从目前情况来看，存在着社区教育共同体融入社区治理紧密度不高、功能不强等现象。例如，一些部门对社区教育共同体的发展目标、工作思路等认识不足，对社区治理根植于社区教育共同体的重视程度不够，甚至认为社区教育共同体在社区治理中可有可无，对社区教育公共产品的供给有限，通过社区教育共同体促进社区治理的意识不强。

三、社区治理视角下社区教育共同体的构建

社区教育是以社区全体成员为对象的一种教育模式，从终身学习的角度看，社区教育有助于使每个人的学习权利得到保障，促进人的终身发展，实现教育的社会化。在社区教育中，最大限度地调动社区内各类力量，培育多元社区教育主体，促进教育与社会的彼此关联，形成社区教育的共同愿景和多元合作局面，无疑是社区教育共同体建设的核心所在。

（一）构建政府主导、各方参与的教育管理机制，寻求共同利益最大化

在社区教育共同体建设中，满足区域内广大学习者的个性化、多样化学习需求，进而达成共同的愿景和目标是教育共同体存在和发挥功能的前提。这就需要与共同体建设相关的各方主体大力支持与参与，可以说，教育共同体是各方主体为了共同的利益诉求共享、协调、共同发展的过程。其一，发挥政府在其中统筹规划的主导作用。通过有关政策及配套制度，如社区教育共同体经费投入制度、联席会议制度、基金制度等，理顺相关责任单位的行政关系，明确相关部门的职责，合理制订社区教育共同体建设规划，形成

"统筹管理，多方配合"的教育共同体建设长效机制。其二，坚持社会化、市场化原则，吸引学校、教育机构、企业等主体积极参与资源开发和共享。社区教育共同体内各方主体都是平等的，应在充分协作的基础上，加大社区与学校（图4-14）、企业等之间的密切联系，同时吸纳民间公益资源及设施加入，共建社区教育共同体委员会，在不损害双方利益的前提下，制定政府、社区和市场相互协调统一的教育开放和共享机制。其三，寻求共同利益最大化。社区教育共同体的组织内部既有共同目标，又有个体目标，合作中各方主体的资源不同，其贡献也不同。这就需要不断强化对共同目标的认同，培育宽容、信任的文化氛围，协调内部冲突，实现可持续发展，促使各共同体主体能够获得公平体验的机会，在平等、自愿、宽容且彼此信任的氛围中形成良好的利益协调意识，保持顺畅的交流沟通渠道，形成"各方支持，市场运作"的良性状态，寻求共同利益最大化，实现互利共赢。

图4-14 社区与学校密切结合

（二）打破地域之间的壁垒，建立开放合作的资源共享机制

社区教育资源的开发和共享是一个系统工程，牵涉到社区、教育机构、企业、居民等方方面面。这些方面深刻影响着教育资源的共享使用和开放程度，也制约着社区教育共同体建设的水平。从另一个层

面看，社区教育资源整合不仅意味着资源总量的增加，而且还预示着资源利用效能的提升。所谓利益共享是建立在尊重各个利益主体基础上的共享，包括政府、社区和社会多方之间的利益共享、社区组织机构之间的利益共享、社区居民群体之间的利益共享等。因为要想将社区教育共同体建设融入社区治理，首先在于满足社区成员的学习产品供给，所以在社区治理成为推进社区良性发展的大前提下，打破教育共同体建设中地域之间的壁垒，建立开放合作的资源共享机制，使教育共同体组织内部各方将掌握的资源共享，无疑是实现资源优化配置的重要路径。在这方面，首先，社区组织机构应依据社区的实际，遵循优化原则，突破社区资源支离破碎的状态和资源分属各部门的利益限制，充分调动一切社会力量，联合社区内的学校、图书馆、文化站、博物馆等组织，盘活学习资源（既包括鲜活的现有资源，又包括无形的潜在资源），促进系统内部各资源的聚合、互动和流通，促进资源共享的社会化，使全体社区成员成为利益共享的主体，最大限度地发挥资源整合优势，为其发展创造良好的环境和条件。其次，在"互联网＋"不断发展的今天，充分利用网络资源加快社区教育信息化建设。"社区成人教育功能的实现，关键在于构建终身教育网络，使成人能够主动接受教育，主动参与教育。"[1]如加强社区网站建设，创建社区学院和网络交流平台，建立社区教育资源资料库（图4-15），形成完善的教育资源网络体系；开发社区教育实验项目（图4-16），以项目结对的方式开展合作，培育社区教育品牌，实现社区教育服务的前移；加强社区数字化教育基础设施建设，提高小区家庭互联网覆盖率，提升设施承载能力。

---

[1] 邬宏亮. 学习型社会背景下社区成人教育功能的实现路径[J]. 中国成人教育，2018（3）：151－153.

图 4-15 建立社区教育资源库

图 4-16 开发社区教育实验项目

(三) 加强师资队伍建设

教师队伍是社区教育发展的主力军。构建社区教育共同体,离不开师资队伍,"成人教育师资队伍专业化水平是影响成人学习效果的核心要素"[1]。基于此，要加强各种技术和业务培训，提升社区教育工作者的专业化水平与理论研究能力，激发社区教育工作者工作的积极性与创造性，形成一支高素质、高水平的社区教育管理队伍。在推进社区学习共同体建设过程中，鼓励有丰富社会阅历和有一定理论水平的专家学者、高水平的专业技术能手和热心社区教育事业的企业家来社区授课，充实社区教育师资队伍，促进社区与外界的交流。此外，社区教育工作者要有意识地激发学习者的学习需要、学习动机，使其互通学习资源、学习心得。尤其在网络技术的支持下，当学习媒介从传统的课堂学习转向互联网学习时，更需要社区教育工作者发挥引导功能，提高社区居民的数字化学习水平和效果，并在这一过程中提高学习者的自我认知与反思能力，从而使学习更贴近个人需求，成为自觉自为的生活习惯。

---

[1] 朱俊.泛在学习理念下成人教育资源的优化整合[J].中国成人教育，2017（23）：65－67.

第五章

新媒体背景下成人教育方式变革

第一节　成人教育面临的挑战与机遇

第二节　借助新媒体引领成人教育创新发展

新媒体时代的到来，为社会诸多行业的发展带来了新的推动力量。在成人教育领域，新媒体与高校成人教育的有机结合，使得成人教育进入了一个全新的发展阶段，新媒体所具有的互动性、开放性等特征，使得成人教育在观念、资源、手段方式等各方面发生了根本性的变化。

第一节　成人教育面临的挑战与机遇

一、新媒体时代所带来的挑战与机遇

当前，我国成人教育在国家相关政策的引导下，经过多年的努力探索，已形成了特有的成人教育办学特色。然而，我国成人教育在发展的同时，也面临着新的挑战。全球化正逐渐地影响并改变着我们的价值选择与生活方式，这无疑也影响着我国高等教育的发展。"作为一种全球性事实基础上的价值观与文化延伸，全球化作为一种大背景，承载并传递着不同价值观与多种文化，把世界原有的多样性和差异性更加彻底地呈现在认识主体的面前。"[1]新媒体作为一种推动全球化的媒介，不仅潜移默化地影响着人们的生活方式及价值观，同时也对我国成人教育产生了深远意义。

---

[1] 束霞平.文化创意产业与高等艺术教育互动发展研究[M].苏州：苏州大学出版社，2015：63.

"新媒体"这一概念是相对于传统媒体提出的,指的是基于数字技术、网络技术及通信技术等新技术和智能手机、移动电视等终端而产生的一种新型媒体形态。新媒体是继广播、电视、报纸、杂志这四大传统媒体而出现的"第五媒体"(图5-1),具体来说,如数字报纸、移动电视、数字电影及手机短信等都属于新媒体形式。[1] 新媒体在综合利用各种高新信息技术的基础上呈现出互动性强、内容形式丰富、性价比高、渠道广及推广范围大等多方面优势,在现代传媒产业中具有不可小觑的重要地位。这无疑给我国成人教育带来了挑战。

图 5-1 第五媒体

首先,在教育观念上的挑战。新媒体的广泛应用不仅使人们获得信息的渠道大大拓展,同时也进一步推动了教育观念变革。新媒体时代的教育不仅包含传统的知识传播,还包括当代正发生的知识信息。其次,在教学理念及方式上的挑战。新媒体背景下,信息量爆炸,知识更新迅速。一方面,在新媒体技术的影响下,学生获得知识的途径和方式渠道拓宽了,但带来的问题恰恰是亟须提高学生真正缺乏的内

---

[1] 冯硕. 高等艺术设计教育生存态探究 [J]. 兰州大学学报(社会科学版), 2014 (2): 176—180.

在修养。另一方面,教师个人角色也发生了变化。在新媒体时代,需要改变传统的那种"灌输"知识的单一方法,致力于在教学实践中与学生进行沟通交流的教学方式。

二、创新教育所带来的挑战与机遇

什么是创新教育?创新教育不是专业教育的附庸,而是素质教育在高等教育领域的一种体现,是以培养学生的创新精神或创新能力为基本内涵的教育实践。创新教育是利用智力的创新,产生创造性思维,并转化为创造性能力的教育。对成人教育学生的创新教育不容忽视(图5-2)。

图 5-2 对成人教育学生施行创新教育

(一)成人教育学生的心理"自卑"阻碍了创新教育的培养

在现实生活中,人们对成人教育学生有一种偏见,认为他们是来花钱"买"文凭的。在这种思想的影响下,有的教师在带教中有意无意地流露出轻视的情绪,这既伤害了学生的自尊心,又加重了成人教育学生的自卑心理。具有自卑心理的人,做事畏首畏尾,何谈创新?

因此，对成人教育学生来说，他们需要更多的鼓励与信任。帮助成人教育学生建立自信心，培养他们敢想、敢说、敢为的品质显得更为迫切。

（二）成人教育培养观念上的误区

多数成人教育管理者或教育者认为，成人教育是一种后学历教育或岗前培训，只要完成"传道、授业、解惑"就可以了，至于培养创新精神或创新能力，则大可不必。人们把"创新"神秘化，以为只有创造出高、精、尖的物质成果才是创新。其实，创新有物质创新和精神创新，如果一个人连创新意识都没有，怎么会有创新的成果呢？成人是我国一个很大很重要的群体，对他们的教育，可以说是对接班人的教育。他们的创新意识如何，关系到我国国民的整体素质。因此，加强对成人教育学生的创新教育，既是时代的呼唤，也是成人教育工作者的责任。

（三）发达国家创新教育的启示

重视创新教育，重视创新人才的培养，现已成为世界各国普遍实施的一项国策。美、日创新教育的特点就是从基础教育抓起，重视发展学生的个性，重视学生的独立思考、创造性思维能力的培养。

第二节　借助新媒体引领成人教育创新发展

在新媒体时代，成人教育是否能在这股媒体的变革风暴中独善其身呢？答案是不能，我们已不知不觉地被各种层出不穷的新媒体包围。正如加拿大学者马歇尔·麦克卢汉（Marshall Mcluhan）曾经所说：每当人们使用或感觉到自己的技术延伸时，都必须要拥抱这一延伸……除非人们逃避这种技术延伸，逃亡到一个隐居的洞穴里躲藏起来，否则，人们就不能逃避对日常技术的永恒的拥抱。针对新媒体对成人教育带来的影响，如何借助新媒体来引领成人教育创新发展是我们必须面对的问题。

一、新媒体下成人教育的特征

近些年来,我国成人教育发展迅速,为国家和行业输送了大量的优秀人才。而基于数字化技术、网络技术等高新技术的新媒体,使得成人教育的教学内容、方法及形式等都发生了很大变化。

其一,成人教育资源的共享。新媒体形式的互动性,使得知识入门学习更加简便,基于计算机网络环境的帮助,学生能够更加容易地学习。

其二,成人教育手段的丰富。新媒体以其先进、科学的技术为学生创造了更加仿真的学习环境。如从事艺术设计的学生在进行创作时,相较于传统的二维静态设计,新技术所实现的三维空间设计,提升了艺术作品的层次,使得观赏者能够更加深入地融入作品所营造的情境中。正如张晶在《传媒艺术的审美属性》一文中谈道:电子传媒制作出的图像所造成的视觉经验是与传统艺术的视觉经验有很大不同的。后者也可以创造出可视性形象给人以美的感染,并通过它得到认知的效果,但是传统艺术所创造的形象,是无法呈现出当今电子科技所制作出来的超真实的图像审美效果的。[1]

其三,成人教育空间的拓展。新媒体为成人教育提供了更加灵活、丰富、方便的存储与传播方式,打破了传统固定时间、地点所造成的限制。正如彭欣所说:网络的广泛应用拓宽了人们获取资讯的渠道,相较于传统的报刊或电视媒体,新媒体有着传统媒体无法比拟的优势,它实现了信息的海量化即时传播和多元化互动交流,并突破了传统媒介之间的传播界限。[2] 同时,数字化的新媒体技术使人们更新了思维模式,拓宽了视野,形成了新的审美理念。开放式、融合式的新媒体传播方式使得学生接触到的不再是神秘的领域,它满足了社会大众对知识的渴望与需求。

---

[1] 张晶. 传媒艺术的审美属性 [J]. 现代传播, 2009 (1): 17-24.
[2] 彭欣. 新媒体时代传统文化传承的现实困境与创新策略 [J]. 江西社会科学, 2014 (12): 233-238.

二、以新媒体为载体，更新成人教育的理念

在传统媒体时代，我们往往只能从报纸、广播和电视等有限渠道获取信息，新媒体的应用拓宽了获取信息的渠道，与此同时，新媒体所带来的传播模式的变革，时刻冲击着成人教育理念。新媒体下的成人教育改变了其传统封闭的教学理念与模式。同时，新媒体较强的开放性、组织性特征，要求成人教育应以培养学生的思考探究能力及创新精神为重点。而新媒体带来的多元视觉空间及网络环境，则拓宽了学生接受知识的渠道与领域。

三、挖掘新媒体的内在功能，促进成人教育改革

其一，随着成人继续教育的不断发展及教育理念的更新，应将成人教育与学生创造性思维的培养良好地结合起来，在引导学生对本国传统文化进行吸收和继承的同时，将提高学生的创造能力、塑造其创新精神作为教育的重要内容。在我国的高等教育中，新媒体所带来的影响不仅是提高了教师及学生的信息意识，同时也提高了学生的综合素质。因此，广大教师应从更广的视角对新媒体环境下成人教育发展的方向进行把握，积极利用新媒体环境提升学生的综合能力，在新型的传播媒介中加强学生的创造意识，引导学生注重利用新媒体加强学习。

其二，新媒体环境下高等教育拥有了更加丰富的视觉信息资源。新媒体的信息传播具有互动性和开放性，为大众提供了广阔的舞台。其实，单纯的理论教学无法提高学生的实际应用能力，对其学习兴趣也是一种打击。新媒体技术作为理论基础知识教学的延伸和补充，发挥着不可忽视的作用，对提高学生的思维创造能力，拓展学生的思维空间具有促进作用。同时，新媒体技术下丰富的信息资源、图文资料，能够将理论知识转变为形象生动的教学材料，以动态化的形式将理论与技术应用良好地结合起来，帮助学生更好地理解教学内容，从而提高成人教育的整体水平。

其三，新媒体丰富了成人教育的教学方法。基于网络技术与数字化技术的新媒体通过拓展教学资源，以图片、动画、视频等多种形式展现教学内容，使得教学方法得到了极大丰富。它不仅为学生提供了直观、生动的学习环境，同时提高了学生的参与性与主动性，帮助构建起互动的师生关系，使得教学更具针对性与目的性。学生在主动学习的过程中，利用新媒体可以激发更多的学习灵感，并且能够对构思、主题等进行深入思考，从而提高自身的创造能力。

新媒体具有巨大的市场空间，为成人教育带来了新的机会。"媒体不仅是信息、文化、思想、政治，也是经济的组成部分，因为信息产业本身就是一个经济领域的范畴。如今，新媒体不仅仅作为传递信息的单一工具，在实现人人交互和联系世界的同时，也卷入了相关共同体的利益、地位、声望的分配问题，成为社会进步的助力。"[1]新媒体将对成人教育提出更高的要求，各成人院校在培养符合职场要求的学生时，不能忽略对学生其他能力的培养。

---

[1] 方玲玲，韦文杰．新媒体与社会变迁［M］．上海：复旦大学出版社，2014：229．

第六章

新时代成人教育
教学管理创新实践

第一节　我国高校成人教育管理队伍存在的问题及对策

第二节　教育评价在成人教育教学实习管理中的运用

第三节　优化我国成人教育教学管理体制的若干思考

第四节　教育公平视域中的高等教育自学考试

成人教育是我国教育事业的重要组成部分。加强成人教育教学管理对于提升成人教育质量具有重要意义。这就要求在成人教育管理模式上进行创新，尤其是在办学中心指导思想、办学机制、人才培养管理模式、教育教学管理模式、教育质量评估管理模式等方面进行创新，以促进我国成人教育的可持续发展。

第一节　我国高校成人教育管理队伍存在的问题及对策

发展终身教育，建设学习型社会，已经成为当今世界教育发展的潮流。成人教育既是终身教育的重要一环，也是形成学习型社会的重要渠道。成人教育管理队伍作为贯彻成人教育方针、政策和组织、实施成人教育的主体，其整体素质和管理水平的高低直接影响到成人教育的质量和发展水平。

一、我国高校成人教育管理队伍的现状与问题

（一）高校成人教育管理人员人手不足

我国高等教育从1999年开始进入大幅度扩招阶段，高校学生的数量呈现出井喷式的增长，成人教育顺应这一发展趋势也进入到规模扩张时代。在全日制学生数量增加的同时，高校内从事全日制学生教学和管理工作的人员也在同步增加，但这一师资和管理人员增加的局

面并没有在成人教育中出现。尽管随着接受成人教育的学生数量的增多,不少高校把原来隶属于别的部门管理的成人教育管理部门独立出来,成立单独的成人教育学院(或继续教育学院),但在成人教育管理部门独立的同时,管理人员的增加跟不上现实的需要,管理人员往往"力不从心",只能疲于应付日常的管理任务,根本没时间和精力思考如何提高成人教育管理和教学水平的问题。

(二)高校成人教育管理人员的年龄结构不合理,学历不高,知识结构有待优化

我国大多数高校中从事成人教育管理的工作人员年龄结构不合理,老中青比例失调,中老年人员居多,思想活跃、思维敏捷、精力旺盛、工作积极性高的年轻人比较少。成人教育的管理人员的学历多是本科及以下,硕士研究生及以上学历的人特别少。由于成人教育管理人员组成成分比较复杂,再加上我国并未对成人教育管理人员的学历水平做出严格要求,结果就是成员学历水平参差不齐。学历偏低影响了高校成人教育管理人员晋升高级职称,造成了成人教育管理人员的职称以中级及中级以下为主的局面,有高级职称者相当少。

从我国高校成人教育管理人员的知识结构来看,教育管理或教育相关专业科班出身的人员较少。他们大多来自非教育管理专业,一般都没有系统地学习过高校教育理论,没有经过教育教学管理方面的专业训练。这就造成了高校成人教育的日常管理主要依靠经验进行,经验管理成了高校成人教育管理工作的主要方法和手段。经验固然重要,但面对成人教育事业迅速发展的局面,单单依靠经验进行管理是远远不够的,必须从经验管理转移到科学管理上来。

(三)高校成人教育管理人员的地位较低

长期以来,尽管成人教育被国家规定为普通高校发展的"第二条腿",但这条腿始终处于弱势地位,始终不能和另外一条腿同步前进。这种状况的产生既有历史的原因,也受社会偏见的影响。许多高校的领导都没把成人教育作为学校的一项重要工作来抓,成人教育长期得不到重视。有的学校甚至把成人教育视作一种依附于普通高等教育上

的衍生品和附着物,或者仅仅把成人教育当作学校的一种创收手段,把学校的一切资源几乎都投在全日制学生的教育上了。成人教育的教学科研条件往往是学校最薄弱的环节,基础设施长期得不到改善,有关成人教育管理人员的许多政策、待遇等也得不到落实,这就使得高学历、高水平的专业教育管理人员不愿意从事成人教育工作。久而久之,成人教育便成了高校中的一块"人才洼地",成人教育管理长期在低水平上运转,本该成为高校发展"第二条腿"的成人教育最终被边缘化了,成人教育管理人员的地位可想而知。许多人甚至认为,高校中的成人教育学院(或继续教育学院)往往是安置无法胜任全日制教学或者管理岗位人员的地方。正是因为这些偏见,高校成人教育管理工作渐渐被遗忘在角落,各种职称晋级和评奖、评优名额很少甚至没有。这必然严重影响成人教育管理人员的工作积极性,最终影响高校成人教育的持续发展。

(四)高校成人教育管理人员缺乏必要的培训和再学习,管理方式比较落后

我国高校中从事成人教育管理的人员科班出身的很少,多是从别的部门和专业转岗而来,基本上没有接受过系统的教育教学管理的培训,对成人教育管理工作的原理和特点的认识多停留在感性的经验认识上,缺乏现代化的科学管理理论的指导。这种现状说明高校中从事成人教育管理工作的人员更应该接受培训,但由于管理人员的不足,高校中从事成人教育管理的人员多忙于处理一些日常的工作,无暇接受培训和系统地学习先进的管理理念和知识。此外,由于高校中从事成人教育管理工作的人员有较大一部分年龄偏大,这使得多媒体等先进的教学管理手段在成人教育中难以普及,再加上多数成人教育部门的教学设施投入等也跟不上成人教育迅速发展的需要,从而使许多高校的成人教育管理工作还停留在传统手段上,不能适应现代成人教育管理工作的需要。

二、优化我国高校成人教育管理队伍的对策

（一）改变观念，提高对高校成人教育工作的重视程度

我国幅员辽阔，人口众多，高等教育分布相对不平衡。在高等教育资源相对短缺、大量社会在职人员迫切需要接受再教育的情况下，大力发展成人教育是加快高等教育发展的重要途径。在我国由人口大国向人力资源强国转变的过程中，成人教育发挥着不可替代的作用。大力发展成人教育也是我国建设学习型社会，倡导公民终身学习的需要。因此，我们应该更新观念，提高对成人教育工作的重视程度，像重视全日制普通高等教育那样重视成人教育工作，摒弃各种对成人教育的错误认识，为成人教育"正名"，将成人教育工作放到它应有的位置上，把成人教育的各项工作纳入学校总体发展规划之中，加强全日制教育与成人教育之间的衔接和沟通，同时要加强有关成人教育法律法规的建设和完善。虽然我国已经建立了一些与教育相关的法律法规（图6-1），但数量较少，而且其内容多

图6-1　《中华人民共和国教育法律法规规章汇编》

是一些原则性的规定，缺乏具体的实施细则，在现实中难以操作。不可否认，法律法规的缺失是导致我国成人教育管理人员地位较低和成人教育发展缓慢的一个重要原因。因此，我们要加强成人教育工作法律法规的建设和完善，通过立法明确成人教育在社会发展中的重要地位和作用，也通过立法来保证从事成人教育管理人员的待遇和地位等的合法权益。

（二）及时引进人才，不断优化成人教育管理队伍的年龄和知识结构

随着我国高等教育大众化时代的来临，高校成人教育的发展也达到了前所未有的规模，但高校成人教育管理人员的配备没有及时跟上。因此，要在成人教育规模扩张的同时，及时引进、配备相应的管理人员。当然，在引进新人时，要注意结合现有管理人员的情况，综合考虑引进人员的专业、学历和教育背景等，以便优化成人教育管理队伍的年龄、学历和知识结构等。同时，在实际工作中，要认真落实岗位责任，定岗定员，在成人教育管理队伍中形成能上能下的良性运作机制，改变既往那种只能上不能下的局面。

（三）加强对成人教育管理人员的培训

随着成人教育的迅速发展，成人教育管理工作对管理者自身的要求也越来越高，它需要成人教育管理者具备多方面的良好素质，因此，要加强对成人教育管理人员的培训，尤其要加强对教育学、管理学、计算机应用、网络技术等学科的培训。学校可以通过邀请成人教育领域知名的专家学者、成功的管理工作者以举办专题讲座等形式，传授最新的理论知识，介绍先进的管理工作经验，或者组织管理人员参加进修学习，使其能够在短时间内更新自己的知识观念，完善知识结构，大力提高管理队伍的现代化管理水平。对于年轻的成人教育管理人员，要创造条件鼓励他们接受再教育，继续深造，学习最前沿、最先进的教育教学管理理念和知识。此外，成人教育管理人员也要加强自学，不仅要熟悉国家有关成人教育的法律法规和政策，还要及时了解国内外成人教育发展的最新动态，不断

更新、补充、拓宽自己的知识结构，不断提高自身的综合素质，增强竞争力。

(四) 提高成人教育管理人员的市场意识

市场意识是指在市场经济发展过程中形成的适应市场经济需要的社会思想意识、道德观念与行为规范。由于成人教育的接受者多是社会在职人员，他们上学的目的很明确，在提升学历层次的同时，提升自我素质，想学到一些实实在在的知识和技能。因此，成人教育管理者应从"官本位"的传统观念的束缚中解放出来，淡化职务观念，强化职业观念；淡化管理理念，强化经营理念和服务意识。同时，成人教育管理人员要不断培养融入和适应市场经济的能力，要具有市场超前意识，在成人教育的办学过程中，应以市场需求为导向，研究市场、开拓市场、服务市场，明确市场定位，不断改进课程内容和工作方式，以满足成人教育市场的多样性需求。

成人教育质量的高低不仅取决于教师的教学水平，更取决于成人教育各项管理工作的开展成效。而各项管理工作能否有效开展、管理水平及质量的高低都取决于成人教育管理人员的素质，因此，成人教育管理队伍的建设是高校成人教育工作的基础性工程。只有相关领导和部门真正重视成人教育工作，加强成人教育管理队伍的建设，才能形成一支素质高、能力强、业务精的成人教育管理队伍。

第二节　教育评价在成人教育教学实习管理中的运用

一、教育评价概念的界定

教育评价是根据一定的教育价值观或教育目标，运用可行的科学手段，通过系统地搜集信息、分析解释，对教育现象进行价值判断，从而为不断优化教育和教育决策提供依据的过程。以教育评价的功能为依据，可将教育评价分为三类。

（一）诊断性评价

诊断性评价也称教学前评价或前置评价，一般是在某项活动开始之前，为使计划更有效地实施而进行的评价。它涉及的内容主要有：学生前一阶段学习中知识储备的数量和质量；学生的性格特征、学习风格、能力倾向及对本学科的态度；学生对学校学习生活的态度、身体状况及家族教育情况等。

诊断性评价最大的优点就是教师能够对自己的教育对象做到心中有数，对学生的已有知识、道德情感、性格特点等都有所了解，便于在下一步的教育教学活动中抓住有利的时机，有针对性地、有准备地对学生的学习行为做出评价，从而收到较为理想的教育教学效果。

（二）形成性评价

形成性评价是在某项教学活动过程中，为使活动效果更好而不断进行的评价，它能及时了解阶段教学的成果和学习者学习的进展情况、存在的问题等，以便教师能及时反馈、及时调整和改进教学工作，获得最优的教学效果。形成性评价在教学中进行得较为频繁，如一个章节或一个单元后的小测验。形成性评价一般又是绝对评价，即着重于判断前期工作的达标情况。

教学设计中进行的评价主要是形成性评价。对于提高教学质量来说，重视形成性评价比重视总结性评价更有实际意义。

（三）总结性评价

总结性评价又称事后评价，一般是在某一相对完整的教育阶段结束后对整个教育目标实现的程度做出的评价。它以预先设定的教育目标为基准，考查学生达成目标的程度。总结性评价使用的次数比较少，一般一学期或一学年有两三次，在学期或学年结束时进行。期中、期末考查或考试及毕业会考等均属此类。

总结性评价的首要目的是评定学生的成绩，并为学生证明，或提供关于某个教学方案是否有效的证明。总结性评价有三个基本特点：

① 总结性评价的目的是对学生在某门课程的某个重要部分上所取得的较大成果进行全面的评价,以便对学生成绩予以评定或为安置学生提供依据。

② 总结性评价着眼于学生对某门课程整个内容的掌握,注重测量学生达到该课程教学目标的程度,因此,总结性评价进行的次数不多。

③ 总结性评价的概括性水平一般较高,考试或测验内容包括的范围较广,且每个题目都包括了许多构成该课题的基本知识和能力等。

二、教育评价在成教班实习管理中的应用

教育评价的目的是为教育决策提供信息和依据,不断完善教育过程,提高教育质量。现将某医学成教班实习管理中应用教育评价的方法和体会总结如下。

(一) 实习前的诊断性评价

诊断性评价是教育评价的第一个阶段。在实习开始前,为使实习计划与大纲更有效地实施,教师通常会进行预测性、摸底性的评价,目的是为了摸清评价对象的基础和情况,分析存在的问题,搜集必要的资料以找到解决问题的办法。因此,教师必须做好以下几方面的工作。

1. 根据成人教育学生培养目标选好实习点

人们有时对成人教育学生有一种偏见,认为他们是来花钱"买"文凭的,在这种思想的影响下,有的教师在带教中有意无意地流露出轻视的情绪。因此,要培养合格的成人教育护士必须选择具有较高带教水平和丰富经验的综合医院,让学生有一个良好的实践环境,使所学的知识和技能得到巩固。

2. 根据教学大纲制订实习计划和实习大纲

实习计划和实习大纲的制订是实习管理工作的关键,体现了教育评价工作的导向功能。

实习计划和实习大纲是根据教学计划，以纲要形式体现各专科实习内容和目标要求的指导性文件，如实习管理职责、带教要求、转科考试制度、教学查访、学生劳动纪律制度等，并系统说明各专科的实习目标、实习内容和要求掌握的程度及规定完成的作业。

3. 做好学生实习前的思想和准备工作

首先，教师要引导学生有爱心，有同情心，有救死扶伤的人道主义精神，关心和爱护病人，培养自己良好的医德医风和健康的心理素质及高尚的情操；其次，教师要求学生细心，有责任心，在实习工作中要认真细致，作好"三查七对"工作，不出差错和事故，因为任何差错和事故的发生都将危及病人的生命。

4. 加强基本技能的训练

实习前对学生进行技能训练是一个必不可少的环节，因为学生在校所学的知识和技能会因未参与实践而生疏。因此，实习前两周应进行基本技能的训练，并进行考核。

（二）实习过程中的形成性评价

形成性评价是指在实习管理、计划实施的过程中对计划和大纲的执行情况进行评价，目的是了解实习的动态过程和效果，及时反馈信息，及时进行调整，使计划和大纲不断完善，以顺利达到预期目标。

1. 定期巡查学生，进行总结和交流

定期巡查学生，可以体现教育评价的监督功能。巡查可每月1次，教师深入到各实习点了解学生的实习情况；实习组长两周汇报一次实习情况。

2. 定期收集实习点的带教资料，检查实习大纲的执行情况

3. 组织专业教师下实习点进行临床综合考试

在实习结束前一个月，校成人教育管理部门可组织专业教师到实习点对学生进行综合考试，并将结果反馈给各实习点。考试的结果在一定程度上可以反映该实习点的管理水平和质量、带教水平和质量，同时也能反映出学生学习的主动性及知识吸收能力。将学生的考试结果与实习前的考试成绩相比较，作为评价实习质量的参考依据，从中可以发现实习点在实习管理、带教过程中存在的问题与不足，帮助其

针对薄弱环节做出改进，达到直接促进实习质量提高的目的。

（三）实习结束后的总结性评价

总结性评价是指在实习完成后进行的全面性评价，目的是为了检验最终的实习效果是否达到预期目标。因此，教师必须做好以下几方面工作。

1. 小组总结

在实习结束前，各实习组组长应在实习完成后对本组实习情况做一详细的总结，并对照实习大纲检查组员是否完成大纲要求，总结收获和体会。收集各实习组对实习点带教的意见和建议，作为下一届实习的改进参考。

2. 评优活动

各实习组根据本届实习过程中各实习点、带教老师对实习带教的认真态度、带教质量、实习收获等情况，采用民主评议的方法，评选优秀实习点和优秀带教老师，由学校给予嘉奖。

3. 回顾性总结

召开全体实习生大会，对实习一年来的情况，包括实习任务完成情况、学生实习表现情况、考核情况、存在的问题等做一详细总结。

三、教育评价在成教班实习管理中的意义

通过工作中的不断探索与总结，在成教班实习管理工作中，教师运用教育评价的方法，可以及时反馈实习的信息，及时发现问题和解决问题，避免管理工作的盲目性。因此，教育评价的应用是提高管理质量的重要手段，有评价的管理才是科学的管理。这种评价可以及时总结成绩，纠正偏差，从而有效地促进实习质量和实习点的带教水平的提高。

第三节 优化我国成人教育教学管理体制的若干思考

改革开放以来,我国成人教育取得了长足的发展,成人教育在国家社会发展中发挥着越来越重要的作用。在高等教育快速发展的同时,成人教育管理体制中的一些问题也逐渐浮出水面,引起越来越多人的关注。

成人教育管理体制是与成人教育各项管理活动相关的一系列组织制度的统称,其主要包括成人教育组织机构的设置、组织结构之间的隶属关系及相互间的职责、权限的划分等。成人教育管理体制从本质上讲,体现了一个国家在高等教育管理活动中中央和地方、政府和高校,以及高校内部各管理层级、管理单元之间的职责、权力和利益关系。前两者被称为成人教育的宏观管理体制;后两者则被称为成人教育的微观管理体制,也被称为高等学校的管理体制。

一、我国高等教育管理体制的历史回顾

新中国成立后,为了有效地管理全国高等学校,培养国民经济恢复和发展所急需的人才,中央人民政府政务院1950年发布了《关于高等学校领导关系的决定》,规定全国高等学校"以由中央人民政府教育部统一领导为原则",中央人民政府教育部对全国高等学校(军事学校除外)均负有领导的责任,各大行政区人民政府或军政委员会或文教部均有根据中央统一的方针政策,领导本区高等学校的责任。这一时期我国高等教育处在中央集中管理阶段。但由于过分强调统一管理,产生了许多不利于高校发展的因素,所以1958年中共中央颁布了《关于高等学校和中等技术学校下放问题的意见》,此年开始,高等学校进入以地方管理为主的时期。这种以地方管理为主的管理体制虽然大大调动了各高校的积极性,但由于缺乏中央的统一规划和宏观调整,各地高校发展过程中又出现了盲目冒进的问题。到1963年,

中央在总结前一阶段高等教育管理体制改革经验教训的基础上颁发了《关于加强高等学校统一领导、分级管理的决定（试行草案）》，规定"对高等学校实行中央统一领导，中央和省、市、自治区两级管理的制度"。我国高等教育管理体制进入了统一领导、分级管理的阶段。但这一体制仅仅实施了两年的时间。1978年，随着我国各项工作逐步步入正规化，高等教育也得到了恢复，这一时期，高等教育又确立了集中领导、分级管理的体制。1995年，国务院转发了国家教委《关于深化高等教育体制改革的若干意见》，肯定了前一阶段高等教育管理体制改革取得的进展，并提出："高等教育管理体制改革的目标是，争取到2000年或稍长一点时间，基本形成举办者、管理者和办学者职责分明，以财政拨款为主多渠道经费投入，中央和省、自治区、直辖市人民政府两级管理、分工负责，以省、自治区、直辖市人民政府统筹为主，条块有机结合的体制框架。"这便是"两级管理，以省级统筹为主"的体制。

二、我国成人教育管理体制的现状和问题

（一）政府在成人教育管理中的职能和角色不清

我国现行的成人教育仍然是以行政控制为主，政府集投资者、办学者和管理者于一身的"国有公办"的办学体制，政校不分的现象并没有得到彻底改观。政府和高校的关系是否合理，关系到高校能否充分行使自主办学权，能否按照教育规律实现良性发展和学术自由。

我国政府在充当高校投资者和管理者的同时，在很大程度上也充当了事实上的高校办学者。政府不仅控制着高校的设立，还管理着高校的实际运作过程。高校从专业设置到招生计划的制订，以及教师的编制数量都由政府通过指令性的计划来进行严格控制。高校与政府之间实际上成了一种行政性的命令与服从关系。政府过多的行政干预弱化甚至淹没了高校应有的学术权力，致使高校的学术权力急剧萎缩，而以政府的行政管理权力为依托的内部行政管理权力则主导了高校的内部管理，使得高校俨然成为另一个"行政组织"。

(二) 高校办学自主权难以实现

经过多年探索，我国高等教育管理体制形成了"中央和地方两级管理，以省级统筹为主"的管理体制，这种体制的初衷是为了让高校在发展过程中能够更好地结合地方实际，为地方发展服务。但在实际中，这种体制也造成了政府对高校过多的直接干预，学校本质上还不是独立自主的办学实体。尽管国务院在 1993 年颁布的《中国教育改革和发展纲要》中明确了高等教育改革要逐步建立政府宏观管理、学校面向社会自主办学的体制，并且 1998 年颁布和实施的《中华人民共和国高等教育法》更是直接以法律的形式明确规定了高等学校的办学自主权，但在实际的操作过程中，往往重立法、轻执法和监管，许多已经颁布实施的法律法规没有真正被落到实处，在现实中难以发挥其应有的作用。

(三) 高校内部行政权力和学术权力失衡

从本质上看，高校的行政权力和学术权力应该相互补充、互相制约，学术权力通过行政权力得以实施。学校事务的管理应以学术权力为主，行政权力要服务于学术权力，二者共同为学校的发展发挥作用。但现实是行政权力和学术权力的关系严重失衡，存在"行政权力泛化"的现象。大学管理的机关化色彩浓厚，以行政权力干预或者替代学术权力的现象比较普遍，学术权力被弱化，学术组织要么泛化为行政组织，行使某种行政职能，要么作为虚位组织、咨询机构，可有可无。

三、优化我国成人教育教学管理体制的对策思考

(一) 转变政府职能，明确政府角色

要加快政校分开的改革，进一步明确政府在成人教育管理体制中的作用和角色。在市场经济条件下，政府在成人教育领域主要具有管理职能和服务职能。政府对高校的管理职能主要体现于成人教育的发

展方向、规划和质量标准的控制方面,政府的服务职能主要指政府应该为高等学校改革和发展在投资、营造良好的办学环境等诸多领域提供优质的服务。政府对高校的管理应该以宏观管理为主,要把握好管理的分寸,不能直接控制学校,不能直接干预学校内部各项事务的开展。政府要调整管理与服务的手段和方式,正确处理好管理与服务两种职能的关系,把原有的一部分行政管理职能转变为服务职能,本着为高校服务的理念,对高校进行适当的宏观管理。政府要从根本上转变观念,将管理作为更好地为高校的发展服务的一种手段和方式。

(二)建立多方参与的办学体制,促进成人教育的良性发展

随着我国社会主义市场经济的发展,社会越来越多元化,社会各界对成人教育事业表现出了强烈的参与意识。而社会参与办学(图6-2)是许多国家成人教育管理体制的一个特征。社会参与办学不仅可以使高等学校得到多方投资,改变单一依靠政府拨款的局面,减轻国家的财政压力,而且还可以推动成人教育决策的民主化和科学化,促进我国成人教育的良性发展。社会主义市场经济的建立和逐步完善为社会各界参与成人教育提供了一个较好的环境,因

图6-2　社会参与办学

此，政府要引导和充分发挥社会各界参与办学的积极性，积极鼓励社会团体、民间机构和私人通过民办、国有民办和公办民助等多种形式参与办学，推进成人教育办学主体的多元化。

（三）真正落实高校的办学自主权，增强学校的活力

所谓高校的办学自主权，实际上就是指高校作为具有独立法人资格的机构，可以在不受其他组织和个人非法干预与阻碍的前提下，依法行使教育决策、教育活动组织的权力。政府对成人教育管理权的下放，必须具体落实为高校的办学自主权，实现办学权力和责任的统一。

（四）优化成人教育教学管理

我们以某医学成人班为例进行说明。

1. 精心挑选教师，优化教学内容，提高教学水平

（1）加强师资队伍建设、提高教学质量

教学质量是学校生存和发展的关键，是学校的生命线，而优秀的教师队伍又是教学质量的保证。为了保证教学质量，成人教育院校应精心挑选各专业的教学骨干，要求所有教师认真备课，可不定时抽查教师的备课笔记，组织教师互相听课。

（2）优化教学内容和教学方法

继续教育的主要任务是使教育对象的知识和技能不断得到补充、拓展与提高，完善知识结构，提高创造能力和专业技术水平。教学内容应该与人才培养目标相一致，教学内容的改革是教学改革的核心和重点。为此，要求每一位任课教师以传播新理论、新信息为主要内容，按照教学大纲，先熟悉教材、吃透教材，然后根据专业要求对教学内容进行适当调整，把各专业最新的知识和技能补充到教学中，使学员掌握该专业的最新知识，并结合自己的工作实际，使学得的知识得到运用。比如，在生物课教学中，首先要对像酶、维生素、糖、脂类及氨基酸代谢等在中专生物理课上已学过的内容进行压缩。其次，用压缩的教学时数适当增加基础理论深度或较多补充与临床有关的内容，如糖尿病的生化基础、高脂蛋白血症的生化基础等。教学内容调

整后，针对性、实用性得到加强，突出了专业特点，由于理论联系临床，学生学习的兴趣浓厚，学习的积极性提高。

教师可针对不同的内容，采取不同的教学方法，改变传统一支粉笔加黑板的教学模式，采用多媒体教学方法（图 6-3），增强教学的趣味性、直观性、生动性，从而取得良好的效果。

图 6-3　多媒体教学方法在实际中的应用

（3）开展观摩教学，互相借鉴，共同提高教学水平

课堂教学是教师传授知识最基本、最重要的教学方法，课堂教学既具有科学性又具有艺术性，它不仅教给学生知识和思考问题的方法，还要尽量让学生听得轻松愉快、兴致盎然。学校可规定一学期每位教师上一次公共课，进行观摩教学，并加以评分，评分内容主要包括教材的使用、掌握教学大纲的程度、备课和书写教案、板书书写、讲授技巧、课堂小结等。通过公开教学，教师间互相交流心得体会，取长补短，互相借鉴，从而提高整体教学水平，并取得越来越好的教学效果。

2. 强化教学过程管理，稳定教学秩序

在教学过程管理中，根据教学大纲的要求，认真制订教学工作计划。首先，合理编排课程表，定期组织同步的教学检查，及时掌握教学动态，发现问题并及时解决。其次，每个班都配有思想好、能力强、责任心强的专职班主任，负责学生工作，特别是做好学生的考勤工作。成人教学的最大难题是出勤问题，在职职工都有自己的工作岗位，有的是单位的业务骨干，有的工作岗位上就只有一人，调班确实存在一定的困难。为了解决这一难题，学校除了合理安排好上课时间外，还要与各单位业务部门领导联系，请他们安排好职工的学习时间，确保学生的出勤率不低于3/4。再次，加强考风建设。院系做好考试命题工作，任课教师出三份试卷交成人教育学院（或继续教育学院），由成人教育学院（或继续教育学院）组卷或抽卷。严肃考风考纪，加强监考力度，杜绝作弊现象。

3. 加强班级管理，实行班主任负责制

（1）严格制定出勤制度和考试制度

班主任课前、课中休息时要各点名一次，任课教师点名一次。班主任把学生的出勤情况总结好后应及时反馈给学生单位领导、科室领导，齐抓共管，保证学生的出勤率。

考试应实行一人一桌并反坐，40人以下两人监考，40人以上三人监考、一人巡考，要求监考教师认真填写考试情况表。

（2）实行班主任负责制

每个班级配备一名班主任，由班主任负责该班的日常工作。班主任的职责是：加强学生的思想教育工作，教导学生自觉遵守学校的各项规章制度，关心学生的学习态度、学习成绩、学习方法，及时向任课教师反映；搞好班级集体活动，使学员有班级荣誉感；认真做好学生的出勤点名工作，每次授课班主任必须提前10分钟到校（班级），点名一定要准确，做到一次面授一小结、一月一总结，并将出勤情况及时反馈给学校及学生单位，提高学生的出勤率。

4. 以学员为中心，开展优质优教活动

学校应定期或不定期向学员发放教学调查表，及时给任课教师反馈信息，使任课教师根据学生的要求，及时调整教学进度，不断提高教学质量；提高服务意识，礼貌待人，有问必答，有求必应，把工作重点放在学生的咨询报名、注册、交费、发证等环节上，并制定监督机制；开展教师间的交流活动；开展专题活动，加强教师的师德师风，提醒教师遵守职业道德，做到为人师表；提供良好的学习环境，改善教学硬件设施，建立各项考核、评估制度。

成人教育管理体制的改革是一个牵动面广、实施难度大的复杂的系统工程。在成人教育管理体制的实际改革过程中，必须通盘考虑，以严谨的态度从我国的国情出发，采取分别对待、分类指导、分步推进的策略，积极稳妥地推进成人教育管理体制的改革。

第四节 教育公平视域中的高等教育自学考试

自1981年自学考试制度试行以来，高等教育自学考试在我国已经走过了四十多个年头。《关于印发〈高等教育自学考试专业设置实施细则〉和〈高等教育自学考试开考专业清单〉的通知》和《高等教育自学考试专业基本规范（2021年）》的出台是自学考试制度进一步规范化的标志，这些文件的成果之一是统一了自学考试与其他形式高等教育的口径，让自学考试的专业名能够与其他形式高等教育统一（如自学考试本科的"法律"专业被规范为"法学"专业）。此改革不但有利于自学考试考生就业，吸引更多人加入自学考试的队伍，同时也对各地自学考试负责单位起到了指导作用。然而目前为止的政策仅仅能够对自学考试制度起到规范作用，对制度本身的公平性问题并没有过多关注，故自学考试本身的公平性仍有进一步提升的空间。教育公平向来是我们理应不留余力追求的目标，因此，以教育公平为导向推动自学考试制度的进一步完善也自然是题中应有之义。因现在的"小自考"（有高校参与助学，需要交学费且存在过程性考核）较为普遍且情况复杂，难以做整体性讨论，故本节的研究与讨论主要基于"大自考"，即传统意义上的自学考试。

一、教育公平的基本概念及其在自学考试中的呈现

教育公平如今已是一个老生常谈的话题，根据之前学者的研究，"教育公平"可以被如此定义：人人享有平等的教育权利与公共教育资源，资源配置应向弱者倾斜，同时反对一切教育特权。教育公平并不追求教育结果的平等，因为人和人彼此的先天禀赋和需求不同，故教育机会的均等极有可能仍然导致结果的不均等，但这并不意味着教育本身是不公平的。由此可以注意到教育公平在结果问题上的微妙之处：尽管教育公平准许结果不均等的存在，但结果不均等的原因理应在于受教育者自身，制度本身可以为不同的受教育者塑造适合他们的结果，但制度不应成为结果不均等的主导原因。换句话说，当受教育者的天赋与需求与可比对象相似，但因制度而获得了与可比对象有异的结果之时，制度本身的公平性便应受到质疑。

长久以来，对教育公平问题的研究大多着眼于传统的升学考试，即初升高、高考与研究生入学考试，着眼于高等学历继续教育的公平问题的研究相较而言要少得多。究其原因，高等学历继续教育相比传统升学考试严重缺乏竞争，从入学（注册考籍）到毕业的整个流程基本不存在多少选拔性，学生仅需通过合格标准便可顺利毕业。而在若干高等学历继续教育模式当中，自学考试似乎是最没有教育公平问题的教育形式，因为自学考试的所有考试均属合格性考试，注册即可报考的"零门槛"特点及"自学"特性亦决定了教育机会与教育资源的大致均等。也正因此，自学考试制度似乎成了教育公平的标杆。

既有研究认为，自学考试让愿意接受高等教育的人均有了接受高等教育的机会，虽说如今的高考录取率已经相当之高，但"录取"并不意味着接受高等教育的权利得到了充分保证。由于专业调剂等问题的客观存在及志愿填报时的疏漏，许多人对接受的全日制高等教育专业仍然不甚满意，而自学考试则可以保障这些人的受教育权，让他们能够在众多开考专业当中选择自己感兴趣的专业。不仅如此，自学考试还具有低成本、低门槛的特点，其他形式的高等学历继续教育从入学到毕业都至少需要数千元的学费，但自学考试从开考到毕业的成本

很可能不足一千元,这二者之间的差距可谓彰明较著。在门槛问题上,其他形式的高等学历继续教育大多存在文化水平与年龄限制,即要求考生在入学时至少具有高中程度文化水平且接近成年,而自学考试则完全没有这些限制。鉴于自学考试的"自学"特性,我们可以认为其受众多半是有求学欲望的人,而保障这些具有求学欲望者的受教育权亦是教育公平的应然要求。

综上所述,教育公平是自学考试制度的重要价值,同时也为自学考试自身的特性所保障。可以说,自学考试制度为我国的教育公平起到了奠基作用,而教育公平也必然要渗透于自学考试的方方面面。为什么自学考试制度应当贯彻教育公平理念?除教育公平的一般价值之外,自学考试的特性决定了其同时也具备一些特殊之处。当然,上述内容并不意味着当下的自学考试制度是完美无缺的,这将在后文进一步阐述。

二、自学考试制度贯彻教育公平的应然性

(一)确保高等教育"底线性公平"的需要

如前所述,自学考试在若干高等学历继续教育形式中具有极限性:成本最低、门槛最低。除上述两个特点之外,自学考试还具有更多其他高等学历继续教育形式所不具备的特点,譬如学习时间与学习形式完全自由(可以自学,也可以接受助学)、高等院校在校生可以在就读期间同时参加自学考试(成人高考、开放大学等形式的专升本层次均需在入学前获得专科及以上毕业证书)等。换句话说,自学考试不但在制度上赋予了考生最大的自由性,同时也在成本上照顾了尽可能多的人。

上述特点意味着自学考试具有"底线性公平"的特征。倘若一个人的条件无法参加任何其他形式的学历教育,自学考试很可能成为他最后的"救命稻草"。在绝大多数地区,自学考试一年组织两次,每次4门考试的考试费用成本最多100多元,即使考虑到教材成本也不太可能高于300元。如此低廉的成本不但不会给那些经济不太宽裕的

考生太大压力,同时也为更多人提供了较低的试错成本。许多人可以以较少的金钱尝试自己是否适合自学考试,而无需付出高昂的代价。从这个层面上看,自学考试可以最大限度地提供平等的教育机会,同时也可以让尽可能多的人来尝试这种教育机会是否符合自己的需求。因此,自学考试理应将教育公平作为核心理念贯彻始终,确保这一彰显"底线性公平"价值的教育手段尽可能公平,让更多人能够享受公平的教育机会、教育资源。

(二)回应考生信任的需要

相比其他高等学历继续教育形式来说,自学考试的突出特点是考试难度大,许多考生即使能够通过一次或者多次考试,也会因为种种原因放弃继续参加考试而选择其他高等学历继续教育形式来获取文凭。难度对考生的自信无疑是有影响的,同时也形成了筛选效应,即坚持参加自学考试的考生多具有较强的毅力与求学意愿,是对知识与学习本身有更多的向往而非单纯"混个文凭"的人。支撑考生坚持考试的不仅仅是对文凭的向往,同时也有对自学考试制度本身的信赖——他们相信自学考试能够检验他们的学习能力,帮助他们学到东西,因此,自学考试虽然困难,但并未成为他们面前的"拦路虎"。

但这一切都基于自学考试足够公平这一前提。如果自学考试的公平性得不到保证,考生参加考试的目的也就不复存在。试想若一些考生能够相当轻易地获取自考文凭,而另一些考生需要克服重重困难才能够通过考试,这一情景中的后一类考生应考意愿显然会大受打击。因此,自学考试制度应当不断完善自身的公平性,确保对所有考生一视同仁,确保考试制度能够回应考生的信任与期许。毕竟尊重考生的需要,充分考虑不同层次考生的利益诉求是自学考试的目标之一,但无论是以拓宽知识面、获取第二学历为目的的本科及以上学历考生,还是以获取本科文凭为目的的专科学历考生,都必然希望自学考试更加公平,这是毫无疑问的。

(三)保障自学考试质量的需要

目前,高等学历继续教育形式分为由开放大学举办的开放教育,以成人高考为入学途径的普通高校或者独立设置的成人高校举办的函授、业余或者脱产教育，以及普通高校举办的网络教育及自学考试这几种。当然，网络教育目前已经停止招生，但这并不影响下述结论的成立，那就是自学考试是最难通过，同时也是含金量最高的高等学历继续教育形式。

自学考试拥有高含金量的原因并不难想到。首先，自学考试相当比例的课程均为国家统一组织考试，即使不是国家统一组织考试的课程，往往也是由省教育考试部门组织命题，这意味着自学考试的命题质量有保障。其次，自学考试的专业计划通常也由省教育考试部门依据国家的《高等教育自学考试专业基本规范》来制定，其课程安排相对更加科学合理。再次，在大多数情况下，自学考试的阅卷教师和考生素不相识，考生和学校也几乎没有利益关联，这意味着考试阅卷不太可能因为人情等原因受到影响，故阅卷本身的公平性有一定保证。最后，自学考试大多以卷面分数为最终成绩，而在其他形式的高等学历继续教育当中，许多课程有30%～50%乃至更高比例的"平时成绩"，这意味着考生通过自学考试专业课程的难度也要更大。

以上因素共同造就了自学考试的含金量，但教育公平也是保证含金量的基石。如果自学考试的教育公平存在问题，如不同地区类似专业的命题、阅卷等存在巨大差异，部分地区阅卷存在"人情问题"，考试通过标准有所不同，等等，那么上述因素在很大程度上也就自然不再成立。因此，自学考试制度应当以教育公平为导向，保证自身的"含金量"不被质疑。

（四）提升社会声誉的需要

近些年来，人们对种种继续教育学历往往持有不信任的态度。即使是含金量最高的自学考试，在求职中也可能面临严重的歧视——一份调查显示，有42.9%的自学考试考生认为就业中遭受了严重歧视，仅有9%的人认为没有影响。已有学者指出自学考试的认可度下降的主要原因在于课程通过率明显上升，上升的原因并不在于命题之类的难度有所降低，而是"小自考"考生出现并且逐步开始替代"大自考"考生成为自考毕业生的主体。仅从通过率来看，"小自考"确实值得商榷——"大自考"的参加者通过考试的难度显然要高于"小自考"的参加者；但是从另一个方面来看，"小自考"的参加者通常也付出了更多的金钱成本和时间成本，因此，我们并不能轻易断言其在根本上是破坏教育公平的。不过无论如何，这一事例说明了自学考试制度的社会声誉与通过率有关，而教育公平显然会影响自学考试的通过率。为了尽可能维护自学考试的社会声誉，我们有必要保护自学考试的公平性，至少对于"大自考"的参与者来说，应当避免出现破坏公平的现象，即不应有一些"大自考"的参与者能够以与其他人不相称的难度通过考试来获得文凭。

三、当下部分地区自学考试体系违背教育公平的表现

如今的自学考试管理多以省为界，故自学考试违背公平的体现也多体现为各省之间的政策差异，而这些差异最终导致了地域性的不公。

（一）考试大纲缺失，考生不知如何备考

首要的问题在于部分地区的自学考试课程居然没有大纲，这是一个非常突出的教育不公问题。对于全国统考课程而言，考试大纲往往附带在统一编制的教材当中，因此，不存在此类顾虑，但是对于省考课程来说，考试大纲的内容乃至有无便成了一个问题。在一般高校当中，课程大纲不但能够帮助教师明确自己的要求，同时也可以让学生了解自身的学习任务。自学考试的大纲在客观上也可以起到上述作用，但鉴于自学考试的"自学"特性，其在编制时更多需要考虑如何指导个人自学，进而培养应考者的自学能力。大纲缺失并不是普遍现象，只有部分考生才会遇到这个问题，对于这些考生而言，大纲的缺失意味着他们比其他考生少了一个重要的学习工具，这显然标志着他们的教育资源公平没得到保障。特别是某些课程很可能在某个省份有大纲（江苏省基本做到了所有省考课程均有大纲公布），而在另一个省份没有，这进一步造成了自学考试的地域公平问题——一般来说，我们或许认为教育的地域公平仅存在于城乡之间、经济发达地区

与经济落后地区之间或者高考录取中等,然而事实上,自学考试中也存在同样问题。

我们还须考虑一个问题,就是许多大纲缺失的课程难度较大。譬如说,北京市开设的信息管理与信息系统(专升本)专业中的代码为07870的"JAVA程序设计"便没有大纲,仅仅指定了一本由清华大学出版社出版的非自考专用教材。作为一门需要灵活运用而非仅靠死记硬背便可通过的编程课,考生想要学好势必需要多费些功夫,而大纲的缺失则会极大增加考生的学习与考试难度。如果说这门课程包含的知识相对较为热门故考生可以根据互联网资源自学的话,那么中医学(专科)专业的代码为02976的"医古文(一)"课程明显不能被这样解释,因为这是一门相当冷僻且具有难度的课程。因此,我们不能寄希望于依靠其他手段来弥补大纲的缺失,毕竟很多时候大纲的缺失往往是无法补偿的。更何况即使能够补偿,这也不是大纲缺失的合理理由——以其他形式减轻不公平的损失并不意味着不公是应然的。再者,这些大纲缺失的课程所使用的教材往往也不是自学考试专用教材,而是较为合适的其他形式学历教育所使用的教材。这些教材当中很多章节或许并不被自考考生需要,即使在其他形式的学历教育中,教师也可能会略过许多章节的内容。因此,大纲的缺失会进一步造成考生学习的困扰,最终花费许多额外的精力学习了许多其根本没有必要学习,同时也对考试没有帮助的知识。

最后,大纲的缺失同时也让人们对考试的命题产生担忧。命题工作应当依据课程的自学考试大纲来进行,这些没有大纲的课程命题的过程与内容均是存疑的,因为没有大纲,考试试题的题型、难易度、范围均存在不确定性。当然,大纲缺失也会增加考生备考的难度,因为一般的大纲都会公布难易占比与题型,原则上考试命题不会超出大纲规定。而当考生面临这些没有大纲的课程之时,他们将不得不耗费精力备考所有他们脑海中猜测的题型,尽管其中有许多很可能是根本不会考核的。

总体来说,考试大纲的缺失造成了自学考试的教育资源不公,进而分化出了地域不公、命题存疑等多种问题,这一弊端从多个层面上增加了部分考生的学习与应试难度,是当下部分地区自学考试制度违背教育公平的突出表现。

（二）过程考核不同，不同地区成绩计算有异

传统上的"大自考"在理论上并不存在过程考核问题，绝大多数课程均为 60 分通过，卷面成绩便是最终成绩，但实际操作中并非如此。一些省份已经建立起了对"大自考"考生进行过程性评价的手段，譬如，河北省教育考试院在 2015 年颁布的《关于调整和规范自学考试课程考试考核成绩计算及认定方式的通知》明确规定了"考生当次统考成绩不及格但达到 50 分以上（含 50 分）的，作为学习成果按 5 分计入该门课程自考成绩，累加计入次数不超过两次"。还有一些地区针对"大自考"考生开展了针对部分科目的助学业务，例如，天津市高等教育自学考试委员会办公室指定了朝升培训作为网络自考助学平台，"大自考"考生可以以 200~300 元的价格选择助学某一门特定课程，最终成绩计算方法为"过程性考核成绩×30％＋笔试统考成绩×70％"，倘若考生依该方式计算出的成绩比笔试统考更低，那么最终成绩以笔试统考为准。这种过程性考核政策及二元计算方法在"大自考"中较为少见。

应该承认的是，上述政策均具有合理性，在维护自学考试公平的同时尽可能考虑到了考生的需求。尤其是河北的政策不但没有增加考生的经济负担，亦兼具了科学性和人性化：考生能够取得 50 分以上的不及格成绩足以说明他们是学习过考试相关内容的，因此，将该次考试作为学习成果累加相当合理；不仅如此，该政策也意味着考生此前的备考并未全部白费，一定程度上抑制了考生因考取 58、59 分等成绩而产生的消极情绪，故其同时也是人性化的体现。天津的政策虽然需要考生额外付出一些费用，但这一成本也比通常意义上的"小自考"或者其他形式的高等学历继续教育要低得多，故其仍有存在的意义。

虽说有上述优点，但上述政策同时也造成了较为明显的教育公平问题。虽说教育的目的不单纯是为了考试，但自学考试终究是要落到考试上的。显然，享有上述政策的考生通过考试的机会更高，而其他地区的考生因为不享有上述政策，通过考试的机会也自然更低。因

此，上述政策同样造成了自学考试的地域不公，考生因参加考试的地区不同而面临不同通过考试的机会，而这种差异并不源自考生自身，而是制度所造成的。

（三）免考政策不同，考生办理免考存在困境

自学考试的免考政策同样因省而异，举例来说，在河北省，持有PETS-2（全国英语等级考试2级）证书可以免考代码为00015的"英语二"课程，而其他多数地区考生需要持PETS-3（全国英语等级考试3级）证书才能免考该课程。再比如，在江苏等地区，NCRE（全国计算机等级考试）二级及以上证书可以免考代码为00051和00052的管理系统中"计算机应用（含实践）"课程，但在北京NCRE二级及以上证书则不能免考该课程及其实践。这同样是有损教育公平的体现，因为这意味着持有相关证书的考生在能够免考的地区拥有其他地区考生所不具备的"特权"，亦或者说身处不能免考相关课程的地区的持证考生应有的权益没有得到尊重。

除能否免考以外，对免考课程的成绩认定同样是一个问题。在实际操作中，河北省通常将证书免考课程的成绩记为75分，但在许多其他省份，该课程的成绩往往会被记为"免考"。这一差异在考生出国留学计算平均成绩、申领学位证（需要计算课程平均成绩）时均会产生影响，同时也是免考政策差异导致教育不公的又一表现。

（四）课程设置不同，同一专业考生难度有别

受限于长久以来的自学考试管理体系问题，目前各省之间同一专业的课程设置也可能存在较大差异。此类事例实在是不胜枚举，因此，在此仅指出一些课程设置有别导致难度差异较大的典型例子。以专业代码为120203K的"会计学（专升本）"专业为例，这是一个社会需求量较大，考生也较为热衷的专业，因此，具有一定代表性。河北、天津等省市的该专业课程设置中有两门必考课程，分别为课程代码为04183的"概率论与数理统计（经管类）"和代码为04184的"线性代数（经管类）"两门课程；而在江苏省，这两门课并不存在于课程设置当中。事实上，江苏省在2017年之前也曾经在会计学专

业中设置过"线性代数（经管类）"课程，但是自 2017 年 10 月起，该课程被代码为 11240 的"证券投资理论与实务"课程取代。

高等数学课程对于自学考试考生而言是很难通过的一门课程，亦有考生在访谈中明确表示过将数学课程从一些专业中移除的愿望。有鉴于此，一个专业是否设置"线性代数""概率论与数理统计"这些广义的高等数学课程实际上在很大程度上会影响考试难度，进而最终影响到考生获取毕业证书的难度。造成难度差异的原因同样不在考生自身，而在于不同省份的考试课程设置不同，鉴于考生选择的专业是同一个，因此，不同省之间的差异具有相当的可比性。显然，这又是当下的自学考试制度不公的又一体现。《高等教育自学考试专业基本规范（2021 年）》的出台一定程度上可以缓解这一现象，因为该规范重新规定了不同专业的必考课程，一定程度上有助于遏制课程设置的混乱与无序。但同时也应注意到可能的不公在新规范中同样存在，许多专业仍然将一些难度较大的课程设置为了选考课，譬如，经管类与交通类专业的数学课程、电子科学与技术专业的模拟集成电路设计课程等。从制度上来看，选设课程可能会以给出一个清单由考生任选的方式出现，但同时也可能会由省级教育考试主管部门选择几门列为必考课程，同时忽略掉其他课程。鉴于增加开考课程所需的命题与考试组织成本，后一种选择是很可能会出现的。只要不同省份之间继续存在这种必考课程难度差异较大的问题，不同地区自考考试的教育公平就仍有待提升。

（五）论文政策不同，成本与资源均存在差别

最后一个问题是毕业论文的政策差异，这一问题与此前的情况不同，其差异由主考院校而非省份决定。如今自学考试专科萎缩严重，本科已经成为自学考试的绝对主力，因此，绝大多数自考考生都需要撰写毕业论文。新规范并未对有关毕业论文等方面做出足够的指导，因此，既有的问题也可能依然存在。目前来看，既有问题可以分为以下两种。

第一是论文指导费用存在明显差别。举例而言，江苏省大部分院校进行自学考试毕业论文指导的费用为 200 元左右，南京财经大学、

南京师范大学等高校主考的专业均是如此。而在天津地区，天津师范大学主考专业的论文指导费用则高达 800 元。广东地区的情况较为特殊，该地区考生可以选择没有老师指导，从而仅需缴纳 37 元的报考费用；但倘若考生想要获取指导，所需的成本可能是惊人的：以华南农业大学为例，该校主考专业的论文指导费用高达 1 200 元，为江苏省一般情况的 6 倍之多，而广东金融学院公示的该费用则为 800 元。800 元乃至更多的论文指导费用很可能超出考生此前课程考试所花开销的总和，对于经济困窘的考生而言显然也不是一笔小数目。鉴于自学考试是高等教育公平的"底线性"保障，如此巨大的论文指导费用差异显然难以被合理解释，同时也在客观上造成了教育机会与教育成本的不平等。

第二是论文指导资源存在较大差异。根据主考院校公开的自考考生论文指导情况来看，不同院校之间的论文指导教师负责人数有明显差异。譬如，南京大学人力资源管理专业 2021 年下半年有许多指导教师要负责人均 50 人左右的指导工作，而河北科技师范学院的区域经济开发与管理专业则基本人均指导 1 人。显然，前一种情况下的考生所能享受到的论文指导资源显著少于后者，这势必会对其论文撰写工作造成不利影响。当然，造成这种现象的原因在于前者过于火爆而主考院校师资力量确实有限，但这并不是考生的错，也不能成为考生享受教育资源明显偏少的正当理由。

以上两种情况共同作用，最终造成了教育机会、成本与资源等方面的不均等。与此前的问题同样，以上"不均等"的结果均不是考生职业生涯规划或者天赋所造成的，故其同样属于教育不公的范畴。

四、以教育公平为导向的改革路径

（一）强制要求制定并公布考试大纲

对于自学考试而言，制定大纲并且公布本应是考试组织部门的义务，所有专门编制的自学考试教材均附有大纲这一点足以证明。最新专业规范的推出是一个契机，其在要求各省规范自学考试课程设置的同时也可以顺便要求主考院校有针对性地制定大纲并且公布，一方面这可以为主考院校命题提供科学依据，另一方面这也有助于考生复习备考。如前所述，自学考试中非全国统考课程的教材大多均为相近的其他形式学历教育教材，这些教材中的很多内容或许并不适合考生自学，还有一些内容并不需要对应专业的考生掌握，而大纲则可以让考生意识到这些问题，使其不必再多做无用功。在研究生入学考试等考试当中，院校不公布大纲可以理解，因为这些考试均属于选拔性考试。但自学考试基本上完全是合格性的，以这种方式为难考生不但不符合合格性考试的原则，也不符合自学考试的宗旨与目的。因此，强制要求主考院校制定并且公布大纲可以确保全国各地的自学考试考生享有更加均等的教育资源，使他们具备更加均等的通过考试的机会，是促进自学考试公平性的有力手段。

（二）制订并不断完善过程考核方案

为了促进考生的应考积极性，从人性化和科学性的角度出发制订并且不断完善"大自考"的过程考核方案非常必要。一方面而言，现在已有多个省份针对"大自考"制订了对应的过程性考核方案，且早已实行多年，具备较多经验可供参考；另一方面来说，自考作为一项全国性的考试制度，在"大自考"问题上并没有非常显著的政策差异，故这些现有经验的可移植性也较强。综上，我们完全可以在现有经验的基础之上研制更加合理的过程性考核形式，让自考考生经过努力学习但未能通过考试的情景不再出现，使他们在过程中的努力能够得到适当认可，不再留有遗憾。如果过程性考核有了全国统一政策，那么因地域不同而造成的考试通过机会及教育资源的不同也就可以在相当程度上被折消，这同样是促进自学考试公平性的合理手段。

（三）推行全国统一的免考标准文件

与之前的两个问题一样，免考问题的产生在于不同省的政策差异，应对的策略也自然是将其统一化。在新规范出台之后，自学考试的课程设置是经过了全国统筹的，那么有针对性地制定免考方案来让考生的过往学习经历能够获得认可也就成了自学考试制度改革的必要举措。如今"学分银行"等概念盛行,制定全国性免考政策不但能够与之呼应,同时也可消除不同省份之间的免考差异,避免了考生在A地可免考,在B地却无法免考或者免考成绩计算方法存在问题而不愿办理免考的窘境。

在制定新免考标准的时候,应当尽可能考虑免考本身的广泛性与合理性。从广泛性角度考虑,自学考试的许多课程均与其他学习形式所取得的成果有相似性。推出尽可能多的免考(或者说"学分转换")政策,一方面可以避免考生学了又学,浪费时间;另一方面也可以提升考生参考的积极性,推动自学考试事业蓬勃发展。从合理性角度考虑,应当避免以低标准成果免考高标准课程或者以不相关成果免考对应课程等现象的出现,这同样会对教育公平造成伤害。同时,也应避免不同专业存在两门相近课程的情况下,某成果能免考A却无法免考B的情况,这亦是教育不公——主要是机会不公的一种体现。

（四）尽量设置选考课满足考生需求

这个问题并不能像前三个问题那样直接以全国统一标准来解决,鉴于不同地区经济社会发展情况不同,故而相同专业设置不同的考试课程存在一定的合理性。但如前所述,如果必考课程的难度差异较大,那么不同地区考生之间的公平也自然会因此受损。因此,一个合理的手段是在专业计划中设置一定量的选考课程,让考生能够在一定范围内选择难度适合自己的课程。比如,经管类专业的数学课程对许多考生而言难度较大,但对于部分数学基础较好的考生(如有修读"二学历"需求的数理类本科生)而言则相当简单,如果我们将其直接设置为必考课,那么相较其他地区可能就存在不公平;但如果所有地区都不设置该课程,那么规范中的此类课程就失去了存在意义,同时也让有选考该门课程意愿的考生无法选择最适合自己的课程。在这种情况下,将其与若干其他课程设置为一个选考的课程组不但符合新规范的要求,同时也能够满足考生的需求,亦可减轻不同地区之间存在的教育不公——因为不同地区的同一专业考试难度会因此而变得更加接近。地区的差异可以通过课程组内容、数量与选考要求的差异拉开,但只要确保考生有一定的选择权,不同地区的难度差异在合理范围内,那么制度本身的公平性也就是有保证的。

(五) 持续改良论文政策使之更合理

最后一个问题受制于主考院校,制度只能起到辅助作用而不能一锤定音地解决问题。鉴于自学考试论文的要求与指导方式大同小异,成本也较为接近,我们没有理由认为如此之大的差距是合理的。故各省主管部门可以对论文指导费用进行合理规制,防止不同省份不同院校之间存在过大的差异,保证自学考试能够满足尽可能多的人的教育需求,确保自学考试所提供的教育机会均等性不会因为经济原因而受到侵害。

论文指导资源可以被视为教育资源的一种,其不均等不可能被完全解决,因为自考专业有冷又热,热门专业的考生很难享受到与冷门专业均等的论文指导资源,毕竟主考院校的师资力量终究有限。目前已有多个地区试行了多主考院校策略,广东算是最为典型的代表。在这一模式下,同一个专业可以对应许多不同的主考院校,这样一来潜在的能够指导毕业论文的师资力量也就大大增加。教育考试主管部门或许可以在既有经验的基础之上增加热门专业的主考院校,为每个主考院校能够指导的人数定下限额,防止不同考生之间享受的论文指导资源存在过大差异。

高等教育自学考试毫无疑问是一项创举,同时也为我国培养了大量人才。自诞生之日起,自学考试便在促进整体性高等教育公平的道路上不断前进,其公平性也随着制度的不断完善而不断增进。目前来看,高等教育自学考试所存在的若干教育不公问题可谓白璧微瑕,但这些瑕疵都有进一步修复的空间。我们相信,随着自学考试的进一步完善,自学考试的公平性必将进一步提升,考生与社会对自学考试的信赖也会不断加强,这显然对自学考试制度的可持续发展大有裨益。

附 录

- 教育部教育考试院事业发展"十四五"规划（2021—2025）
- 江苏省"十四五"成人高校招生考试改革和发展规划纲要（2021—2025）

教育部教育考试院事业发展"十四五"规划（2021—2025）

《教育部教育考试院事业发展"十四五"规划（2021—2025）》依据《中华人民共和国国民经济和社会发展第十四个五年规划和2035年远景目标纲要》《国家教育事业发展"十四五"规划》《深化新时代教育评价改革总体方案》编制，主要阐明教育考试院"十四五"时期的事业发展方向和重点任务，是教育考试院推进教育考试改革与事业发展的工作指南，也为全国教育考试战线的改革发展提供参考。

第一章 发展环境

"十四五"时期是我国开启全面建设社会主义现代化国家新征程的第一个五年。步入新发展阶段，教育考试事业的发展基础更加坚实，环境条件深刻变化，谋求高质量发展面临新的机遇与挑战。

1. "十三五"事业发展成就和经验

"十三五"是教育考试院锐意改革、稳步发展的重要时期。党的十八大以来，以习近平同志为核心的党中央高度重视教育工作，全面推进新一轮考试招生制度改革。教育考试院党委带领广大干部职工，认真贯彻落实党中央和部党组决策部署，奋发有为扎实推进各项工作。党对教育考试事业的领导全面加强，中国特色教育考试制度基本建立，教育考试总体发展水平有了实质性提升，教育考试面貌正在发生格局性变化。

党的领导优势进一步彰显。党对教育考试事业的全面领导深入贯彻，思想政治引领不断强化，立德树人根本任务有效落实。党委统一领导的体制机制逐步建立，监督质效显著增强，党的建设质量明显提升。

教育考试改革实现重大突破。贯彻落实国务院《关于深化考试招生制度改革的实施意见》，高考内容改革取得实质性进展，科学构建了中国高考评价体系，不断加强核心素养与关键能力考查，逐步建立引导德智体美劳全面发展的命题机制。分省自主命题逐步回归全国统一命题，选考科目命题培训与考试质量监测助力高考综合改革平稳实施。硕士研究生招生考试统考科目内容改革不断深化。题库建设取得阶段性成果。外语能力测评体系建设取得重要进展，研制并发布《中国英语能力等级量表》，完成了与若干国际知名考试的标准对接，中国标准开始走向世界。

教育考试安全与公平底线更加牢固。国家教育考试的组考制度优势更加明显。风险防控和应急处突能力大幅提升，各项考试安全平稳顺利实施。全国教育考试战线协同应对新冠肺炎疫情，抗疫保考取得重大战果。高考与全国大学英语四、六级考试等先后推出盲文卷，残障考生群体平等参加考试权利得到更好保障，以人为本和教育公平迈上新台阶。

教育考试服务能力显著增强。国家级教育考试机构年度组考总规模突破6800万人次。高等教育自学考试管理模式和内容结构不断优化，信息技术类考试项目实现无纸化施考，大学英语四、六级考试试点推行智能评卷，海外考试办考能力不断增强，教育考试服务各类学习者群体的能力持续提高。中小学教师资格考试在全国各地快速推广，助力教师队伍素质整体提升。

专业化建设取得明显成效。信息技术与考试业务进一步融合，对事业发展的支撑驱动作用不断增强，完成综合办公平台等一批信息化建设项目。科研管理制度与服务平台初步建立，陆续完成一批与高考综合改革、国家题库建设和外语能力测评体系建设等相关的重大科研项目。中国考试虚拟博物馆古代馆初步建成。《中国考试》办刊水平、质量和影响力显著提升，入编多类核心期刊目录。

内部治理效能不断提升。教育考试管理制度体系更加成熟，安全保密管理提质增效，财经内部控制体系建立健全。干部人才结构日趋合理，下属企业和直属单位转型发展取得新进展。群团和退休人员工作更富活力，健康向上的组织文化日渐形成。在决战教育脱贫攻坚、书写"奋进之笔"等方面取得显著成果。

总体来看，"十三五"规划确定的目标任务基本实现，为"十四五"时期事业发展奠定了坚实基础。教育考试多年发展实践证明：必须坚持和加强党的全面领导，在育人选才中落实好立德树人根本任务；必须坚持和完善中国特色教育考试制度，在守正创新中坚定"四个自信"；必须坚持办人民满意的教育考试，在维护公平中站稳人民立场；必须坚持统筹发展与安全，在推进改革中用好"稳中求进"方法论。这些宝贵经验应倍加珍惜，并在今后的改革实践中不断丰富和发展。

2. 面临的形势和存在的问题

"十四五"时期是我国实现第二个百年目标，建设教育强国、实现教育现代化的开局起步阶段，也是教育考试事业提质发展的战略机遇期。世界格局发生深刻变化，新冠疫情防控进入常态化，大国之间科技竞争、人才竞争日趋激烈，人力资源的战略性地位空前凸显。新一轮科技革命和产业变革深入推进，数字化转型已成大势所趋，各类技术创新不断融入生产生活，教育教学的理念、形态、模式、手段都面临重大变革。我国迈入高质量发展阶段，立足全面建设社会主义现代化国家和中华民族伟大复兴的战略全局，选拔和培养大批拔尖创新人才、专门人才和高素质劳动者，成为新时期教育改革发展的一项战略重点。党中央、国务院在推进人才战略、教育改革和社会公平等方面的一系列政策部署，以及人民群众对美好生活的向往、对优质公平教育的期盼、对教育考试事业发展提出了新要求，指引了新方向，赋予了新使命。

面对新形势，教育考试发展水平与经济社会发展需求、高质量教育体系建设要求之间还存在着差距。主要表现为：立德树人落实机制有待进一步健全，服务教育改革发展全局的作用发挥尚不充分，考试项目和产品还不能很好满足社会多样化、优质化的需求，考试安全和质量保障机制有待完善，综合治理效能与服务水平有待提升，事业发展支撑保障能力亟待加强。必须以更强的历史使命感和时代责任感，勇于担当作为，不断开拓创新，奋勇开创教育考试事业发展的新局面。

第二章　指导思想和基本原则

"十四五"时期教育考试改革与事业发展，必须牢牢把握以下指导思想和基本原则。

3. 指导思想

以习近平新时代中国特色社会主义思想为指导，贯彻党的十九大和十九届二中、三中、四中、五中、六中全会精神，贯彻习近平总书记关于教育的重要论述和全国教育大会精神，按照中央和教育部党组决策部署，全面贯彻党的教育方针，落实立德树人根本任务，坚守"为党育人、为国选才"初心使命，坚持稳中求进工作总基调，以新时代教育评价改革为牵引，以推动教育考试高质量发展为主题，以改革创新为动力，统筹发展和安全，立足本院、带动战线，提升教育考试治理效能，维护教育考试公平公正，加快推动教育考试现代化，为建设高质量教育体系做出更大贡献。

4. 基本原则

坚持党的全面领导。突出政治引领，坚持和完善党对教育考试事业全面领导的体制机制，为实现教育考试事业高质量发展提供根本政治保证。

坚持以人民为中心。办人民满意的教育考试，始终把满足人民对高质量教育考试的需求作为奋斗目标，坚持公平公正，维护广大考生的权益，不断提升考试服务能力。

坚持新发展理念。突出质量为先、内涵式发展，加快转变发展方式，实现教育考试更高质量、更有效率、更加公平、更可持续、更为安全的发展。

坚持深化改革。坚定不移推进教育考试治理能力现代化，深化体制机制改革，注重改革的系统性、整体性、协同性，持续增强发展动力和创新活力。

坚持系统观念。从教育发展大局出发，谋划教育考试事业的整体发展，立足本院兼顾战线，统筹各方力量确保教育考试项目协调发展，强弱项、补短板，注重防范化解系统性风险。

第三章　主要目标

锚定我国2035年建成教育强国和基本实现教育现代化、"十四五"时期建设高质量教育体系的战略目标，制订教育考试事业发展的主要目标如下。

5. "十四五"事业发展目标

"十四五"时期事业发展目标是，推动教育考试高质量发展，基本建成现代化教育考试机构。主要体现在四个方面：

立德树人落实成效明显提升。党对教育考试事业的领导更加坚强有力，领导体制和工作机制更为健全完善。各项考试全面落实立德树人根本任务，德智体美劳全面发展的育人导向充分彰显。

考试事业发展迈入更高阶段。考试内容改革取得显著进展，考试形式更加灵活多样，考试服务育人选才和教育评价改革的成效更为明显，服务全民终身学习的作用进一步发挥，服务高素质专业化创新型教师队伍建设更为有力，中国特色教育考试评价体系初步形成。

考试治理效能显著增强。考试质量保障机制更为健全，考试组织管理更加规范高效，安全保障体系全面建立，风险防控能力显著加强，考试服务能力明显提高，信息技术支撑驱动考试改革更加有力，教育考试战线协同水平明显提升。

机构建设达到更高水平。考试机构现代化建设深入推进，科研创新引领功能充分发挥，高素质专业化队伍基本建立，财经管理和服务保障更加高效，担当奋进的组织文化基本形成。

6. 2035年远景目标

展望2035年，总体实现教育考试现代化，建成中国特色、世界领先的现代化教育考试机构，办好人民满意的教育考试，为建设教育强国提供有力支撑。

第四章　加强党对教育考试事业的全面领导

党的领导是做好教育考试工作的根本保证，必须始终坚持和加强党的全面领导，为考试改革发展提供坚强的政治和组织保证。

7. 强化教育考试事业政治引领

坚持社会主义办考方向，始终与党中央保持高度一致。坚持用习近平新时代中国特色社会主义思想铸魂育人，将立德树人落实到教育考试各环节，守好教育考试意识形态主阵地。强化政治单位意识，制订考试机构章程。

8. 推动党管教育考试落到实处

建立党中央和教育部党组的重大决策部署和重要事项落实督办机制[01]。坚持和完善党委领导下的行政领导人负责制，健全党委把方向、管大局、作决策、促改革、保落实的体制机制。围绕培养德智体美劳全面发展的社会主义建设者和接班人，持续深化考试内容与形式改革。坚持全国"一盘棋"，不断强化对教育考试战线的指导和引领。

9. 提升教育考试机构党建质量

建立健全"两个维护"具体化、常态化长效机制。打造特色学习平台，用党的创新理论武装头脑。加强基层党组织建设，激励干部锐意进取、担当作为。落实中央八项规定精神，持续纠治形式主义、官僚主义。健全党风廉政风险防控机制，完善全面从严治党责任制体系。

第五章 深化新时代教育考试改革

全面落实立德树人根本任务，深入推进各项教育考试改革，更好地服务人才选拔与培养、服务全民终身学习、服务教师队伍建设、服务新时代教育评价改革。

10. 深化普通高考和研招考试改革

深化高考内容改革，助推高考综合改革。依据高校人才选拔要求和国家课程标准，构建引导学生德智体美劳全面发展的考试内容体系。创新试题研发机制，深化试题基础性，增强试题开放性，加强对创新能力、思维能力等关键能力和学科素养的考查；改变相对固化的试题形式，引导教学减少死记硬背和"机械刷题"现象，遵循教育教学规律，不断提升课程实施水平。推动命题评卷联动机制建设，确保评卷完整准确体现内容改革方向和命题意图。完善内容改革成效评估机制，科学设计监测内容和监测方式，做好定期评估。强化教考衔接工作机制，助力考试改革与高中育人方式改革同向同行。实施全国高考命题工作队伍建设"百千万"工程，提升高考内容改革专家队伍和学科秘书队伍的能力水平，指导各省级教育考试机构加强命题队伍建设，定期开展专业化培训，强化对薄弱省份的帮扶。制定普通高等学校艺术类专业省级统一考试工作规范，指导各省开展艺术类专业省级统考组织实施工作。

深化硕士研究生招生考试内容改革，选拔德才兼备的高层次人才。建立思想政治引领协同机制，将正确政治方向和价值导向贯穿命题全过程，落实习近平新时代中国特色社会主义思想进考纲、进考卷。分层推进公共科目、综合能力科目、专业基础科目考试内容改革，提升基础能力素质考核水平，加强科研创新能力和实践能力考查。推进专业学位和学术学位硕士研究生招生分类考试，完善专业学位硕士研究生招生考试内容体系。

11. 推进自学考试和社会考试改革

充分发挥自学考试制度的高等继续教育功能，服务全民终身学习需求，助力学习者的学业水平与职业技能提升。适应职业教育和普通教育双轨并行发展需要，优化自学考试专业及课程结构，充分发挥主考学校作用。积极推动基于综合评价理念的课程考试内容和形式改革，逐步推行计算机化考试。创新课程学习资源建设与服务模式，探索传统纸质教材数字化发展和学习者个人学习空间构建。建设自学考试学分银行系统与平台，为学习者提供学习成果认定与转换服务。建立健全专业设置、课程建设及命题统筹的区域协同发展新机制。

建立健全同等学力全国统考全学科兼职学科秘书队伍管理体制机制，稳定优化高水平命题教师队伍，开展外语和学科综合全科目考试大纲修订和题库建设工作。

强化社会考试以考促学功能。深化外语类考试科目改革，实施全国大学英语四、六级口语考试推广计划，服务新时代高校外语教学改革。适应国产化战略要求，优化信息技术类考试内容，服务通用技能培养。落实中国少数民族汉语水平等级考试办法及有关实施方案，服务国家通用语言文字推广普及。适应社会需求，探索拓展其他社会考试项目。

12. 提高中小学教师资格考试质量

坚持把师德师风作为第一标准，提升教师资格考试质量，服务高素质专业化创新型教师队伍建设。完善考试制度，全面推开中小学教师资格考试。加快推动考试办法、考试标准和考试大纲的修订，实施中小学教师资格考试标准体系升级工程。改革考试内容，加强思想政治素质和评价素养考查，优化教师教书育人能力素质考核，与教师教育教学能力要求和中小学课程改革有机衔接。完善全国一体化笔试评卷工作机制，加强笔试评卷质量控制。建立面试考官管理机制，加强业务培训，实行持证上岗制度，实施面试考官质量提升行动。

13. 构建新时代教育考试评价体系

丰富和完善考试评价内涵，改进对考生个体和各类群体的结果评价、增值评价、过程评价和综合评价。建设中国高考评价体系2.0。研发基于高考评价体系和国家课程标准的分数解释和报告。研究探索专业学位硕士研究生招生考试评价体系。试点推行自学考试课程学习综合评价报告制度。探索中小学教师资格考试面试考生综合能力评价。推进外语能力测评体系建设，深化全国英语等级考试（PETS）的内容与形式改革，探索研制基于《中国英语能力等级量表》的测评指南及工具加强各项考试数据挖掘和信息反馈，面向不同对象提供内涵丰富、形式多样的考试评价服务，提升考试评价数字化水平。

立足教情、学情、考情，构建符合我国教育考试实际的考试评价理论与方法体系。拓宽测评领域，改进评价方式，积极推行考试评价的标准化流程。发挥专业化考试机构引领作用，实施面向多元评价主体和社会公众的评价素养提升计划。

第六章　提升教育考试治理效能

推进教育考试治理能力现代化，从命题质量、组考管理、安全保障、服务能力、技术应用等方面，全面提升教育考试治理效能。

14. 提高考试命题质量

建设适合不同考试项目特点的命题质量保障体系。加强遴选和培训，提高命题教师和学科秘书思想政治水平、安全保密意识和命题能力，形成年龄结构适宜、专业布局合理的命题队伍。强化命题质量管控机制，完善制度，建立标准，优化流程，有效防控风险。加强评卷指导，提高评卷科学性和准确性。完善考后数据分析反馈机制。健全教—考—学衔接沟通机制，拓宽与教育行政部门、学校、考生等信息沟通渠道。深化题库在各项考试命题中的应用。推动命题基础设施提质升级工程，提高命题会议服务质量。

15. 提升组考管理水平

发挥组考制度优势，提升考试组织管理水平，确保考试安全平稳。完善多级管理体系下的统一指挥、分级负责、多方协同的工作机制，提升管理效能。推动考试法规规章建设，完善组考制度规范，推进依法治考。进一步加强标准化考点应用，提高考试管理手段现代化水平。健全国家教育考试考生诚信档案管理体系。完善应急管理制度，加强风险源头管控和预警预判机制建设，做好疫情防控常态化下各类考试项目的组织实施，提升应急响应和处置化解能力。强化考务业务岗位职责，健全培训体系、丰富培训内容，实施国家教育考试考务人员业务素质提升工程，打造专兼职相结合的高素质考务队伍。优化考点布局，适量增设考点，增强社会考试和海外考试组织实施能力。

16. 强化考试安全保障

秉持教育考试总体安全观，建立健全考试安全保障体系，全面提升考试命题、施考、舆情和网络的安全保障能力，筑牢考试安全屏障。完善考试安全管理制度，健全国家教育考试突发事件应急处置体系。强化科技支撑，建立试题加密存储机制，升级国家教育考试普通密码通讯网。完善舆情引导和协同处置机制，全面提升监测预警、风险评估和处置应对能力。加强网络安全综合治理能力建设，强化关键信息基础设施安全保护和国产化改造，建立覆盖考试数据全生命周期的管理机制，确保考试数据安全。加强安全法规、典型案例和防范常识的宣传教育。

17. 增强考试服务能力

强化服务理念，拓展服务领域，提高服务质量，为决策部门、广大考生、教育考试战线提供更加专业优质的服务。探索建立协作机制，开展常态化考情、学情分析，加强教育考试政策、重大改革任务研究，提升服务行政决策的能力。实施"互联网＋考试服务"工程，打造掌上服务平台，优化网上报名、成绩查询等服务功能，深度对接政府一体化政务服务平台和国家智慧教育公共服务平台。发挥国家教育考试机构引领作用，加强规范建设、业务指导、数据共享和技术应用研发，带动全国教育考试战线协同发展。

18. 深化信息技术应用

深化信息技术与考试业务融合应用，以数字化推进教育考试治理现代化。拓展国家题库系统功能，改善命题基础支撑环境，探索智慧考试数字化业务生态。全面推进国家教育考试综合管理平台数字化建设，升级建设现代化考试指挥中心，深化标准化考点建设与应用。搭建教育考试大数据平台，深度挖掘数据潜在价值，服务考试治理和考试评价。扩大计算机化考试应用范围，探索网络化考试，鼓励有条件的地区或项目先行先试。开展人工智能、云计算、区块链等新技术在考试管理中的应用研究。理顺信息化管理机制，加强信息技术专业化队伍建设。

第七章　推动现代化考试机构建设

建设现代化考试机构，推动形成科研创新驱动发展、高素质队伍担当作为、财经服务支持保障、组织文化凝心聚力的新格局，为教育考试事业发展提供有力支撑。

19. 实施科研创新驱动发展

以科学研究引领教育考试高质量发展，建设科研赋能新平台，建立科研创新新机制。成立国家教育考试战略咨询委员会，建设考试研究智库集群。依托重大重点课题研究，带动支撑考试改革与业务创新。健全科研管理制度，推动科研团队建设，初步建立基于成果质量和实际贡献的科研评价体系。建立统筹考试战线、高等院校、科研机构等各方力量的科研合作新机制，共建一批研究基地。丰富科研活动，加强与国内国际相关教育机构、考试机构的学术交流合作，探索与"一带一路"沿线国家和地区的考试合作。继续办好《中国考试》杂志，提高其在教育考试评价研究领域的学术引领力，发挥其展示科研成果、推动学术交流、传播考试文化作用。

20. 打造高素质专业化队伍

坚持从严管理与激励担当相结合，建立健全干部人才育、选、管、用全链条的制度机制。优化机构职能和岗位资源配置，拓宽职业晋升通道。改善队伍结构，加大年轻干部培养选拔力度，实施年轻干部人才培养计划。探索建立"破五唯"、重贡献的职称评审评价机制，激发员工创新活力，加强专业技术人员的聘后管理。建立健全激励机制，推进教育考试工作队伍建设，鼓励各类人才干事创业。

21. 提升财经管理服务能力

深入推进业财融合，增强财经的发展支撑与安全保障能力。优化经费支出结构，强化高考内容改革等重大任务、命题教师队伍建设等重点项目以及信息技术应用、科研创新等领域的财力保障。完善财经管理制度和标准，加强内部控制和监督，守好财经安全底线。稳定经费来源渠道，完善经费筹集机制。推进预算绩效管理，提高经费使用效益。加强财经管理服务平台建设，拓展预算、收支、资产、采购与合同业务的决策支持与服务功能，提升财经信息化和智能化水平。

22. 培育担当奋进组织文化

加强文化建设，弘扬优秀考试文化，实施考试文化建设工程，提升考试机构文化软实力。构建教育考试公共价值观，研制发布院训，推动建立教育考试战线职业道德规范，激发和团结干部职工奋进担当。研究中国教育考试史和教育考试机构史，完善中国考试虚拟博物馆，建设院历史文化展室。发挥工会、共青团等群团组织在文化建设方面的积极作用，打造一批文体活动品牌。建立健全考试机构环境文化和标识系统，推出考试文化系列创意产品，传播教育考试正能量。

第八章　组织实施

制订实施方案，明确职责分工，建立健全规划实施的组织领导、经费保障、监测评估机制，加强对规划实施的组织、协调和督导。

23. 落实组织领导与职责分工

教育考试院党委对规划实施负总责，各部门是规划任务的落实主体。成立规划督导评估工作组，制订规划实施方案，负责规划的组织协调、督促检查和监测评估。各部门根据分工，制订所负责主要任务和项目的实施计划书、时间表和路线图，并纳入各年度工作计划。需多部门协同参与的综合性项目，在明确职责分工的基础上，确定主要负责方，牵头共同制订和落实实施方案。

24. 加强统筹协调与经费保障

统筹各类资源，协调各方力量，构建规划实施与考试改革、事业发展的联动机制。加强年度预算、投入计划与规划实施的统筹衔接，确保资金优先投向规划确定的主要任务和重大工程。

25. 开展规划实施的监测评估

建立规划实施的监测评估机制，分阶段、分任务开展评估工作。各部门将规划任务进展情况纳入年度工作总结与汇报。督导评估工作组对实施情况与效果进行综合评价，形成年度监测、中期评估和最终评估报告，并及时发布评估结果。建立奖惩机制，将规划任务落实情况纳入部门和员工考核。

附："十四五"时期重点项目列表

序号	名称	内容概要
01	重大决策部署和重要事项落实督办机制	建立中央领导、部领导指示批示台账和院党委会决议台账，对重要事项跟踪督办、周月调度，督促建立健全各有关部门定期汇报机制。
02	全国高考命题工作队伍建设"百千万"工程	根据高考内容改革的要求和高考综合改革的需要，通过业务指导、系统培训和技术支持等方式打造三支队伍。一是教育考试院负责的高考命题队伍，核心命题教师达百人以上；二是综合改革省份学业水平考试命题教师队伍，各省合格命题教师总数达千人左右；三是作为命题队伍后备力量的高考命题研究和宣传队伍，人数达到万名左右。
03	专业学位硕士研究生招生考试内容体系	明确专业学位硕士研究生招生考试科目的考查目标，优化试卷结构，创新试题形式。结合学科门类特点和特定职业需要，合理设计考试内容，强化专业能力和职业素养考查，形成有效选拔德才兼备高层次应用型专门人才的考试内容体系。
04	自学考试学分银行系统与平台	建立完善自学考试终身学习账户制度，开发自学考试国家学分银行管理与服务系统，实现对考生学习成果归集认证及其学习过程记录，为各省教育考试机构面向考生开展学习成果查询、学分认定转换等服务提供数据支持。
05	全国大学英语四、六级口语考试推广计划	完善全国大学英语四、六级考试考核评价体系，建立基于局域网的人人对话口语机考系统标准，加强对考生英语交流能力考核，科学评价考生英语综合运用能力，促进考生英语口语表达能力提高，提升对大学英语教学的反拨作用。
06	中小学教师资格考试标准体系升级工程	在教育部教师工作司指导下，组织修订考试办法、考试标准和考试大纲。关注国家课程标准的研制和新教材的使用，加强顶层设计和理论研究，实现考试内容与时俱进。将中、小、幼学科与课程一体化的相关成果对接，形成高低贯通的考试大纲要求。

续表

序号	名称	内容概要
07	中国高考评价体系2.0	在高考评价体系1.0的基础上，依据高校人才选拔要求和国家课程标准，构建引导学生德智体美劳全面发展的考试内容体系，深化命题理论，提高命题技术，建立多维评价机制。
08	面向多元评价主体和社会公众的评价素养提升计划	加强与专业学会合作，打造考试评价专业共同体；在行业内杂志上开设专栏，普及考试评价基本知识；面向多个群体，开展评价素养评估及提升研究，建立内容丰富、形式多样、服务精准的评价素养提升体系。
09	命题基础设施提质升级工程	加强命题保障服务队伍建设，健全命题安全管理制度，强化科技支撑，转变命题数据存储方式，建立安全数据保存机制，升级改造命题基地命题基础设施和信息化工作平台。
10	国家教育考试考务人员业务素质提升工程	完善逐级培训体系，做好教育部对省级考试机构的示范性培训；丰富考务工作人员培训材料内容，制作下发工作人员职业道德和守则、刑法修正案（九）和教育法、国家教育考试违规处理办法（33号令）、警示案例、防范高科技作弊等培训材料。
11	"互联网＋考试服务"工程	建设中国教育考试网移动端，搭建报名查询小程序，整合考生用户注册和管理功能，深度对接国家和教育部政务服务平台及国家智慧教育公共服务平台，形成多终端联动、一站式办理的移动化服务门户，实现考生服务事项"掌上办""指尖办"。
12	国家教育考试数字化指挥平台	构建以考生库、考点库、工作人员库等为主体的考试基础数据库，强化数据采集、考情汇聚、指挥决策等功能，实现考生、试卷两大数据流动态管理，以及考试管理指挥一体化、可视化和即时化。
13	教育考试大数据平台	以数据标准为基础，以挖掘应用为导向，建设跨项目、跨时间、跨部门、跨系统的教育考试大数据，并加大考试大数据研究和应用力度，发掘和释放数据资源的潜在价值，探索考试大数据在考试改革、业务管理、考试评价、教育反馈等方面的积极作用。

续表

序号	名称	内容概要
14	年轻干部人才培养计划	坚持育选管用全链条推进年轻干部人才队伍建设，建立健全源头储备、动态跟踪、全程培养机制，多措并举强化思想淬炼、政治历练、实践锻炼、专业训练，优化岗位资源配置，拓宽成长空间，加强管理人员和专业技术人员两支队伍建设统筹，建立年轻干部人才信息库，推进编内编外人员一体化管理。
15	考试文化建设工程	构建教育考试公共价值观体系，研制发布院训。研究中国教育考试史和教育考试机构史，完善中国考试虚拟博物馆，建设院历史文化展室。打造一批文化与体育活动品牌。建立健全考试机构的环境文化和标识系统。

江苏省"十四五"成人高校招生考试改革和发展规划纲要（2021—2025）

一、"十三五"期间成人高校招生考试工作的回顾与总结

（一）"十三五"期间成人高校招生考试工作的主要成绩

1. 办学规模稳中有进，招生结构日趋优化

在高等教育大众化和继续教育终身化的大背景下，我省成人高校招生考试适应社会化的发展趋势，坚持成人高考统一考试、术科类专业加试、综合改革项目自主招考、成绩互认类考生免试录取等多线并行的方针。在做好成人高考工作的同时，加大成人高校招生政策、机制、系统与程序等方面的改革力度，不断增强成人高等教育的社会覆盖面与影响力。全省成人高等教育招生规模和效益稳中有进，为高校和社会输送了大批人才，为我省继续教育事业的发展做出了积极贡献。具体招生情况如下表所示：

江苏省 2016—2019 年成人高考录取人数统计

年份	统一考试	校企合作	艰苦行业	退役士兵	成绩互认	免试生
2016	145 598	39 772	13 497	2 277	775	6 489
2017	170 853	44 784	14 092	3 644	442	8 197
2018	201 388	37 776	11 670	3 980	479	11 306
2019	228 044	40 763	14 516	4 730	459	14 485

我省根据分级招生、分类招生与特色招生的原则，一方面明确专科院校、本科院校的招生范围，另一方面，加强医学类、农林畜牧、

艺术类等特殊和重点专业招生的分类指导、监督和管理，使得各地区、各高校招生规模渐趋平衡。各院校根据自身办学特点和优势而开展的成人高等教育特色鲜明，招生结构逐步优化，为实现我省成人高等教育的健康可持续发展奠定了坚实基础。

2. 招生改革稳步推进，内涵建设取得进展

"十三五"以来，我省把成人高校招生考试工作重点放在加强内涵建设、改革招生体制机制、提高人才选拔质量上。以调整继续教育人才培养结构为目标，结合办学单位加快成人高等教育招生专业体系的更新改造步伐。持续调整成人高考的考核机制和方向，将考核重点转向职业化和应用性方面。注重成人高考阅卷工作的规范性和科学性，阅卷质量得以提升。加强招生质量考核和风险评估工作，取得了良好效果，使得招考工作更为专业化。

同时，我省不断推进成人高校招生综合改革试点工作。以培养应用型、技能型、复合型人才为着眼点，将知识考核与技能考核结合起来，将提升学生就业、创业能力作为推进招生考试机制改革的重点方向和有效路径。适应社会新需求与继续教育的变革需要，结合各招生院校，调整学科布局和师资力量配置，进一步加强成人高等教育艰苦行业、校企合作、退役士兵招生工作，招生领域不断扩展，从而有力地推动了我省成人高校招生考试的改革与发展。

3. 制度体系进一步健全，管理水平不断提高

"十三五"期间，我省坚持成人高校招生考试工作的规范性管理与前瞻性设计，明确招考机构的归口管理职能。加强政策宣传，杜绝违规招生、考试等问题，维护了正常的办学秩序，确保我省成人高校招生考试工作沿着健康轨道运行。

在制度建设方面，以规范招生、阳光招生、公平招生、科学招生为原则，实施"招生工作负责人牵头制"、"考生资格审核制"、"信息反馈责任制"等制度，推行招考督导和监督制度，修订完善了"江苏省成人高等学校招生全国统一考试考务工作细则""成人高校招生考试市级考试机构管理工作考核办法"等规章条例。各项制度的实施，极大地促进了我省成人高校招生考试工作的科学化和规范化，管理水平不断提高。

4. 服务功能逐步增强，社会声誉不断提升

"十三五"期间，我省把增强社会服务能力、提高社会声誉和影响力作为成人高校招生考试工作的重要内容。五年来，我省持续回应社会关切，把握成人高等教育发展新动向，增强服务社会、服务考生的意识和能力。加强招生政策宣导力度，优化招考流程和方式，在报名、考试、阅卷、录取等各环节做好考生、考点的人性化服务和后勤保障工作。

顺应校企融合时代趋势，加强与社会各方面的工作联系，继续推进综合改革试点项目，建立与企业、协会的招考衔接机制。成高处结合相关高校，顺利完成了全省成人高考392万多份试卷的网上评卷工作、全省成人艺术类10116名考生的专业加试工作，将400多个企事业单位以及行业协会纳入招考体系。

成高处作为管理部门，认真履行社会责任，提高服务能力，顺利完成各项招生任务，招生考试工作受到教育部、省教育厅、省教育考试院等上级部门的高度评价，赢得了各界的广泛好评，极大地提升了社会声誉。

（二）"十三五"期间成人高校招生考试工作存在的问题与原因

"十三五"期间，受到继续教育市场化竞争加剧、办学资源分配的不平衡、教育形式的多样化、社会对成人高等教育人才需求的新变化等因素的影响，我省成人高校招生考试工作面临挑战。虽经积极努力，取得了一定成绩，但仍然存在一些问题与不足：

1. 招生政策有待进一步调整和优化

"十三五"期间，我省采取多种措施，努力稳定招生规模和质量，取得了积极效果。但是，相对固定的招生政策无法完全适应市场化、职业化以及多元化的继续教育发展新趋势。成人高等教育招生专业体系改造进程有待进一步加快，综合改革试点项目的价值引导和功能示范作用需要进一步加强，我省成人高校招生考试工作在全国范围内的影响力有待进一步提高。

2. 招考信息化管理系统的综合效能有待提升

我省成人高校招生考试网络化管理平台经过多轮建设，基本适应

招生考试工作需要。但从高质量、高效率标准来看，招生报名、考务、录取等环节的有效衔接工作需要持续加强。招生审核系统需要进一步发挥关口把控作用，录取流程有待简化。需要调整系统的结构设置和功能模块分布，需要进一步发挥信息化管理平台的综合效能，以适应招生考试改革发展的新局面。

3. 管理体制、机制仍然存在一些不规范、不顺畅的环节

我省成人高校招生考试现有管理体制、机制总体上适应办学需要。但是由于部门、地区利益的影响以及分散化的运行模式，招生管理工作的一体化格局有待确立。一些招生政策、管理办法、监督审核制度并未得到充分的贯彻执行，归口管理工作需要进一步加强，省教育考试院、招办、高校之间的协调交流机制需要进一步完善。

二、"十四五"期间成人高校招生考试工作指导思想及总体目标

（一）制定"十四五"成人高校招生考试事业发展总目标的主要依据

1. 日益增长的人才需求为成人高校招生考试工作开辟了广阔的空间

随着我国加快构建以国内大循环为主体、国内国际双循环相互促进的新发展格局，社会对人才的需求更加旺盛。而职业结构的不断调整和岗位分工的细化，使得继续教育与职业教育成为时代潮流。成人高校招生考试作为综合性和社会化的再教育平台，适应了社会和市场多层次、多方面的需要，必将获得重大的发展空间。

2. 终身教育体系和学习型社会的逐步建立，为成人高校招生考试事业发展提供了不竭动力

在国家建设学习型社会和人力资源强国的过程中，成人高校招生考试作为成人高等教育的基础性要素，为继续教育的发展发挥引领性作用，必然在提升国民素质、促进经济转型、推进文化建设等方面展现突出效能。成人高校招生考试的地位在不断加强，这对我省成人高校招生考试事业的发展无疑具有积极的引导和推动作用。

3. 国家、江苏的规划纲要为成人高校招生考试发展提供了行动指南

国家"十四五规划"中提出了"发挥在线教育优势,完善终身学习体系,建设学习型社会"的教育方针,《中国教育现代化2035》中提出了"构建更加开放畅通的人才成长通道,完善招生入学、弹性学习及继续教育制度,畅通转换渠道"的办学方针,江苏省出台了教育规划纲要以及多项政策和文件,这些都为我省成人高校招生考试事业的改革和发展指明了方向。

4. 省教育厅、教育考试院的全面深化改革工作为成人高校招生考试发展提供了有力保障

"十四五"期间,省教育厅、省教育考试院将加快发展步伐,全面深化综合改革,全面开启建设教育强省、推进教育现代化的新征程,多项改革措施的出台和协调发展布局必将为我省成人高校招生考试事业的转型发展提供制度支撑和资源保障。

(二)"十四五"期间成人高校招生考试工作的指导思想

以习近平新时代中国特色社会主义思想为指导,全面贯彻党的十九大和十九届二中、三中、四中、五中全会精神,深入贯彻落实党的教育方针,以国家和江苏"十四五"规划为指引,以建设教育强省为目标,以推进我省成人招生考试综合改革为动力,坚持"扩大规模、优化结构、突出特色、改革创新"的工作原则,推动我省成人高校招生考试事业健康、持续发展,进一步发挥我省成人高校招生工作在全国范围内的引领和示范作用。

(三)"十四五"期间成人高校招生考试工作的总体目标

围绕我省教育事业发展整体目标,适应扩大内需、加快国内大循环的新发展格局,积极推进招考工作改革。打造开放、共享、多层次、多类型的招生平台和体系,推动质量变革、效率变革、动力变革,努力探索一条专业化、职业化、多元化的成人高校招生考试特色发展之路。

1. 完善招生机制

进一步提高我省成人高校招生考试工作的规范化和科学化管理水平。在省教育考试院坚强领导下，强化职责分工，加强归口管理部门与相关业务部门、办学单位在招生考试各环节的工作衔接，切实解决办学职能分散、招生责任不明晰、监管不到位的问题。

2. 强化多元招考模式

对招生工作进行分类指导，拓展招生新渠道和覆盖面，探索形态各异的招考新路径。利用现代信息手段，健全网络招考系统，建立招生信息共享平台，充分发挥高校和企业在招生工作中的自主性，打造成人高校招生考试事业发展新空间。

3. 提升招生规模与质量

在稳步推进成人高考常规性工作的同时，重点开拓综合改革试点项目，打造招生改革的特色品牌，进一步发挥招生考试对成人高等教育事业发展的积极促进作用。通过加快改革，努力实现我省成人高等教育招生规模保持在每年 40 万人左右，招考收益达到 1800 万元左右，推动我省成人高校招生考试工作质量和效益双提升。

三、"十四五"期间成人高校招生考试事业发展的主要举措

（一）加强基础性地位，调整招考机制

充分认识成人高校招生考试改革和发展在全省高等教育现代化新征程中的基础性地位和价值。统筹全省办学资源，以加强规范化管理、提高整体招考质量为着眼点，建立"统一规划、分类推进、科学运作"的"多元化"招考机制。深入研究、不断探索我省成人高校招生考试机制变革与创新的实践路径。强化成高处作为归口管理部门的职能定位，明确功能划分，分级分类分段实施各项改革工作，健全统一性考试与自主性考试相结合的招考新体系。

1. 发挥招生考试工作引领作用

从为国举才、为民兴利的高度认识成人招生考试在继续教育乃至终身教育体系建构过程中的重要作用，全面加强成人高考的政策宣传

工作，将其作为推动建立学习型社会的价值引领要素。构建宏观性、综合性的招生考试管理新格局，健全总体布局、多层并置、专项分列的规章制度和文件体系，计划出台、修订一系列引导我省成人招生考试工作健康发展的管理办法，以充分发挥其引导功能。

2. 改进招生计划编制工作加强计划编制工作的规范性与科学性

进行全省招生计划统筹布局，在教育部、省教育厅确定计划编制的原则和招生规模的基础上，省教育考试院开展招生计划的分类管理与调整工作。在总的招生计划不变的前提下，建立生源统计与计划管理的联动机制，实现科类之间、层次之间、专业之间招生计划的合理分配，由招生单位根据考生上线情况及时调整计划布局，提高录取效率。定期分析生源分布与计划编制的互动变化趋势，使计划编制工作更为科学，有利于建立结构均衡的招考新局面。建立函授站与招生计划投放的对接机制，推进招考工作的规范化。充分发挥计划编制工作的引导、调节和监督功能。加强与省教育厅的政策沟通和工作协调，结合省教育厅关于成人高校的年度审核和教学点监管结果，综合考虑办学单位的社会声誉、办学力量以及规范招生宣传情况，建立计划编制的动态平衡机制和评价数据库。以评价结果作为计划投放的重要参考，对招生办学规范的高校优先考虑增加招生计划，对违规招生办学的学校削减甚至停止投放计划，以此倒逼高校针对招生工作加强规范化管理，提升办学质量。通过计划调节，真正实现优胜劣汰，从而推动我省成人高校招生工作向着高水平、高质量方向迈进。

3. 健全多元化考试筛选机制

因应社会多元化的人才需求，着眼建立与国民经济转型发展相适应的新的人才选拔机制。根据分类指导的原则，创新招考方式，充分发挥成人高考作为统一性考试的人才选拔功能，实现招生的公平公正。同时，加大自主招生力度，充分发挥办学高校的专业优势，建立健全特色鲜明的自主招考新模式。加强二学历考生、退役士兵、普通高考成绩互认考生的免考免试工作，扩大成人高等教育覆盖面。

强化成绩互认机制。努力推行新免试项目，凡通过自考或成教同一层次课程考核的人员，可以试点对成人高考的相同考试科目进行免试。深刻把握成人高等教育社会化、职业化、开放性的特点，建立单一考试科目的免考机制。将考试选拔与职业行业资格认定结合起来，建立考试科目与职业资格考核内容的对比库或对照表。规定凡通过相关专业、行业的国家承认的资格准入考核、取得资格证书的人员，在报考成人高考相同或同类科目时，可以免试。

（二）健全招生政策，深入推进各项改革工作

强化以改革、创新促发展的教育思维，将推进成人高校招生考试改革试点工作放在更加突出的位置。以前瞻性眼光把握我国继续教育发展新趋势，在复合型人才培养、新兴行业人才培养与基层人才培养方面出台专项招生政策，推动多项招考改革试点工作。

1. 建立科学的招生政策体系

充分发挥招生政策的宏观指导作用，不断总结省内、省外成人高等教育招生考试工作先进经验，将分散性、地域性的招生考试有益做法和思路上升为政策。在招生宣传审核、报考资格认定、考试科目分类、考试录取改革等诸多环节进行实践性探索。重点是改革不适应未来终身教育体系发展的招生文件、规章制度等，在加强招生考试体制机制的规范性和科学性方面狠下功夫。坚持创新思维，运用多种政策工具，以构建适应教育现代化需要的政策框架和体系。

2. 发挥招生考试政策导向作用

适应激烈的市场竞争和教育改革的需要，发挥成人高校招生考试政策的引导作用，推动我省成人高等教育健康发展。改变成人高等教育办学资源投入不足、人才培养质量有待进一步提高的局面，推动提高成人高等教育学费标准、招生报名费标准等，从而调动各方面的办学积极性，为招考工作取得新进展注入新动能。

建立招生考试与专业建设的联动机制。根据市场变化，招考机构定期发布人才培养和行业需求指南，联合办学单位开展招生专业结构调整工作。淘汰不适应社会需要的专业，增设特色专业、新兴专业。招考部门推进招生专业体系更新的动态化管理，提出人才培养和专业报考建议，以此引导办学单位、考生与时俱进，融入发展新格局，从而推动成人高等教育转型发展。

根据行业特点和地域特色出台多元化的招考政策，在招考方式上

制定有针对性的改革方案。加大政策调节力度,改变一校独大、名不副实的招生办学局面,实现成人高等教育的均衡发展。

专门将函授站点的招考工作纳入招生政策制定的总体框架之中。加强校外函授站在招生考试阶段的规范化管理,通过招生计划的精准投放和考试评估,激发校外函授站点规范招生的能动性,同时压缩非正规函授站、学习点的生存空间,从而有效解决函授站点招生、办学监管不到位的问题。

3. 推进艰苦行业和校企合作招生改革工作

继续扩大艰苦行业和校企合作招生办学的覆盖面,引导办学单位下潜边远地区、一线基层,与各类企事业单位建立广泛而深入的办学对接机制。进一步发挥成人招考在扶贫扶智方面的引领作用,激发相关领域人员学习的积极性和自主性。加强工作的规范性,实现对艰苦行业和校企合作招考工作监管的全覆盖,坚决杜绝改革项目招考过程中的虚假宣传、生源身份造假、违规考试和录取等弊端和问题。

创新培养机制,加强双证教育。出台成人高等教育校企联合培养、订单式培养新政策,引导办学单位建立"学历+技能"双重考核与复合型人才培养新模式。在招生录取阶段,招生主管部门开展自主考核的专项试点工作,赋予校企招考自主权,同时对接国家各类资格证书认定机构,对符合条件考生的技能考核成绩进行免试认定。以加大自主招生力度、加强综合改革试点项目库管理为推动力,建立多元化招考新格局,并在此基础上充分发挥成人高等教育社会化和职业化的办学特色。

4. 加强中西部和边疆地区招考改革试点工作

积极贯彻教育资源向中西部和边疆偏远地区倾斜的国家政策,充分发掘中西部和边疆地区生源市场。在省、市、县三级层面建立与当地教育主管部门的联席招考机制。从中西部和边疆地区发展的实际需要出发,单列招生计划,制定专门招生政策和人才培养方案。充分发挥我省高等教育资源优势和信息化办学特色,由两地教育主管部门牵头,以高校和行业为主体,建立中西部和边疆地区成人高等教育招生共同体。兼顾现实需求和拓展未来空间两个方面,实施"乡村教师能力提升计划"、"贫困人员圆梦计划"、"特殊行业技能培训计划"等,将这类人员的招生列入我省综合改革试点项目中,进一步发挥我省成人招生考试的社会服务功能和示范作用。

5. 建立人才培养立交桥

健全"学分银行"制度,完善我省成人高等教育学分制、学年学分制办学模式,推动校际之间、不同办学形式之间的学分互认。加快建立自学考试、远程教育、职业教育、普通高考与成人高考之间的学习成果互认与转换机制,搭建各类办学形式纵向衔接、横向沟通的继续教育立交桥,实现不同教育形式招考工作的有效对接与学习主体的双向流动。

加快我省继续教育的国际化发展步伐,与涉外部门协调,出台成人招考国际交流政策。联合国外教育机构,开展学分互认试点,建立国际间的成人高等教育招考与人才培养互动机制。

(三) 加快信息化改革,推进招考网络管理系统建设

因应成人高校招生网络化与即时性的发展趋势,以健全我省成人高校招生考试信息化管理体系为着眼点,打造全面、统一、高效的网络招生软硬件环境,逐步形成以"互联网+成人高校招生考试"为核心的新招考模式。配置成套网络设备,制作内容新颖、形式灵活、适合成人特点的招生宣传视频。调整成人高校招生考试系统的功能划分和结构模块,根据招考类型的不同实施模块化、多层次的分类管理,进一步加强招生政策发布的权威性和招考全流程的规范化、科学化运作。

1. 优化招考工作流程,建立交互式远程管理机制

以便捷性、系统化设置为原则,对现有成高招考平台进行功能重构和优化,在网页端和移动端同步进行招生政策的及时宣导以及招生信息的实时发送,实现考生即时性的信息填报、修改。设立招生咨询专页、建立招生热点问题库,系统自动化、智能化回应考生的问题,大幅提高招生报名工作的管理效率。

将各地招办和办学高校纳入省教育考试院网络化招考平台,建立信息共享机制,实现各单位与考生在报名初期的无缝对接与双向互动,以此提高报名工作的时效性和准确性。积极发挥网络平台的桥梁

和纽带作用，推动招考、办学主体在报名、考务、录取等不同阶段的交互式管理，从而大幅提高招考工作的科学性和有效性。

2. 建立模块化的报名审核机制

加大报名信息审核力度，在招生平台上设置分类的资格审核模块和筛选功能，在报名、考试、录取等阶段之间设立双重审核关口。建立报名系统与教育部学信网、留学服务中心的对接机制，在前期审核阶段即能判定考生前置学历的合法性，要求考生在考试前提供有效认证材料。

针对成人高等教育考生来源分布广、前置学历复杂等情况，设立缓冲期，将专科证书和国外证书无法查询或认证、由于身份信息变更而导致的前置学历未通过审核的考生信息单独列项，发送提醒短信，督促考生在录取前完成前置学历上网、认证工作，再次在报名系统上进行学历复核。

职能部门将录取后仍没有通过前置学历复核的考生信息进行专门标注，提示考生可能因此而导致的无法注册学籍的风险。同时，将相关人员信息专项打包发送招考单位，以便于办学单位开展相关前置学历复查与学籍注册工作，从而提高招生录取工作的科学性和规范性，大幅减少新生入学后由于前置学历审核以及学籍注册问题而导致的投诉、纠纷。

3. 强化网络招考平台的数据统计功能

采用大数据分析手段，精准把握我省成人高等教育招考变化趋势。深入研究招生报名数据与职业领域、地域分布以及专业需求与生源结构之间的互动关系，建立招生数据变化曲线图。以科学数据探究我省成人高等教育变革方向和规律，从而为推动继续教育的转型发展提供坚实技术支持。

建立统计数据共享机制，在招生报考、录取阶段实现主管部门、考务部门、办学单位之间即时性的数据传输与信息传递，促使招生录取工作更为顺畅、科学与高效。

（四）创新招生工作，打造特色品牌

遵循因材施教、因才招考的原则，积极探索体现我省特色的成人高校招考新方向。结合地域、行业特点和高校资源优势，聚集一批特色招生专业，构建特色专业项目库。加大政策支持力度，实施专项技艺人才培养工程，定向招收特定行业的技术人员。借鉴艺术类专业加试的经验做法，多层面、多领域推广"成人高考＋自主考核"的复合型招生录取新模式。

实施招考品牌战略。强化创新和引领思维，结合办学单位、社会实体加大市场调研力度，先行先试，积极开拓、征集新的品牌项目。支持建立品牌实践基地，打造、推广一批具有我省特色和广阔发展空间的以老年教育、休闲教育、人文教育、少数民族文化教育、非物质文化遗产传承教育等各种教育形态与成人高等教育相融合为内容的综合试点项目，提升我省成人高校招生考试特色品牌的社会影响力。

将校外函授站点纳入招生体系，建立健全省教育考试院、高校、函授站三位一体的招考垂直联动监管机制。充分发挥招生工作在继续教育办学过程中的能动性，将招生触角直接延伸到函授站、学习中心、企业等办学实体上。通过招生计划定向投放、报名信息全流程监控与精准审核筛选等措施，促进成人高等教育函授站等招生实体的规范化运作，突出我省成人高校招生管理工作的鲜明特色。

（五）加强内涵建设，提升招考质量

从促进人的全面发展和建构学习型社会的目标出发，将加强人才培养质量放在成人高校招生考试工作的中心地位。探索实施能力建构工程，将考核重点放在个体的学习能力、实践能力和发展潜力上，充分发挥成人招考在素质教育、技能教育和人文教育体系建设中的杠杆作用，强化招考工作的价值要素，健全招生工作对社会发展和国民素质提升的服务职能。

发挥政策引导功能，推动高校适时更新招生专业结构，改造传统专业，增添符合经济社会发展需求的新专业，逐步构建我省办学特色鲜明、多学科交叉融合的成人高等教育专业体系。通过考试科目的调整引导办学单位调整专业课程结构和教学大纲，提高学生的应用能力。

加强成人高考阅卷工作。将阅卷作为建构高水平招生新局面、选拔合格人才的关键环节，需要继续加强相关工作。进一步健全评卷体系，细化评分标准和质量评估标准，以此为基础，实施评卷质量提升工程。健全阅卷工作组织和监管机制，强化阅卷责任制和负责人牵头制，加大对合格阅卷人员的遴选力度。建立试卷抽查和信息反馈机制，确保主管部门及时掌握阅卷进度及质量情况。通过实施事中和事后评价，查漏补缺，不断提升评卷质量和水平。

引入新的信息化评卷系统平台，建立阅卷的标准化程序。采用人工智能技术加强对评卷主体的监督，提升对雷同卷、疑似抄袭等问题的判读能力，通过信息化手段强化阅卷全过程的审核、评判机制，提高评卷工作的科学性与规范性。

（六）健全管理体系，提高工作效率

在制度建设方面，结合成人高校招生考试改革工作，调整不适应新局面、新情况、新问题的规章制度，出台新的管理制度，使得各项管理工作与时俱进。继续实施"重点工作负责人牵头制"、"证书审核制"、"首问责任制"、"改革项目统筹制"、"经费审核制"等具体工作制度，确保专项工作专人负责，将管理责任做到实处。在过程管理方面，继续实施"招生计划报送制度""考生资格审定制度""考试巡视制度"等，确保各项招考工作规范进行。

健全省级成人高等教育招生考试奖惩制度。每年对招考系统内的管理和办学主体开展考核工作，组建考核小组，明确考核评比的规则和标准、流程和方式，定期公布评比结果。通过奖优罚劣，激发优质招考机构和办学单位的工作积极性，针对监管不力、考务工作不到位的招考机构以及招生工作不规范的办学实体予以警告、通报等处理，充分发挥考核评比活动应有的激励、警醒和督促功能。

强化考风、考纪工作。继续严格遵守国家法律和有关成人高考招生、命题、考试、阅卷等重大工作的管理制度，深入开展安全、保密教育，强化安全保密工作，狠抓各项管理措施的落实。

进一步健全督导制度，切实发挥教育督导在招考管理工作中的积极作用。积极开展调研活动，深入基层，不断总结各地先进经验，为招生考试管理工作的转型创新提供源头活水。

（七）加强队伍建设，提供组织保障

因应改革需要，调整归口管理部门的岗位设置和功能定位，优化人力资源配置。结合省教育厅、省教育考试院、各地招办以及办学单位定期开展岗位培训和业务专题学习活动，积极打造一支热爱成人高校招生考试事业、掌握成人高等教育发展规律、结构合理和相对稳定的成人高校招生考试管理队伍，为成人高校招生考试工作提供有力组织保障。

与加强监督工作相适应，打造督导员和地区联络员队伍。聘请一批具有信息化管理能力、较高专业水平和丰富经验的监督人员，提高管理工作的科学性和有效性，切实提高社会各界对成人高校招生考试工作的认可度。

（八）深化教育理论研究，提供思想引领

充分发挥成人高校招生考试、管理方面的理论研究的指导作用，进一步探索成人高校招生考试的内涵特征和发展规律。围绕成人高校招生考试改革过程中出现的重大现实问题开展理论研究，同时对有益的教育经验及时进行理论总结，以更好地指导实践。

深入研究我国、我省成人招生考试如何在开放的改革语境中处理好稳定与发展的关系，在把握好成人教育的社会效益与经济效益、质量与规模、职业性与人文化的关系方面发挥建设性作用。从理论层面探究成人教育的阶段性特质，剖析其从应用性教育阶段发展到专业能力型教育阶段再到个体的自我完善阶段的不同价值形态。以超前眼光和哲学视角研究招考制度变革对成人教育从能力发展阶段提升到个体潜能的挖掘与人性建构阶段的作用和功能。积极探索成人教育与职业教育、自学考试等不同教育形态之间的多元衔接机制，逐步实现成人学员在不同地域和学校的资源共享和自由流动。

积极承担国家级、省级层次的成人高校招生考试理论研究课题、探索性项目，结合我省实际和发展需要，制定各类教育理论专项课题或规划，开展实践性、前瞻性、创新性项目的可行性研究。通过主持、参与、发布各项重点课题，组建专门研究团队，鼓励单位或个人开展相关研究工作，不断积累学术成果，为我省成人高校招生考试实践提供理论支撑，增强我省在成人高校招生考试领域中的学术地位，扩大我省在继续教育领域的学术影响力。

（九）加大投入，夯实发展根基

加大成人招生考试工作的经费投入，充分发挥其杠杆作用和蓄水池功能。调整成人招生考试的资金结构，建立专项基金，支持设立改革试点项目库。设立激励专项经费，激发招考机构与人员的积极性。完善经费管理机制，提高使用效率，加强对重点建设项目的支持力度，加大对艰苦行业、校企合作等改革项目以及中西部地区与农村地区人才培养与试点项目的经费支持力度。落实教育机会均等化，提供招考公共服务产品，扶持弱势人群和生活困难考生，加大对脱贫攻坚项目的经费支持力度。

借助我省全面深化改革、调整各地区功能划分的有利时机，整合各方面资源，打造成人高校招生考试示范点。吸收社会外部资源和力量，协调办学单位和地方招办，建设成人高校招生考试综合体。与支持中西部和边疆地区教育发展的新要求相适应，建立省外联系点制度，打造省外招考基地。借助我省丰富的网络学习资源，做好省外成人教育市场的开拓工作。

（十）建立评估机制，落实《规划纲要》各项任务

在省教育考试院的统一领导下，按照《规划纲要》各项部署和要求，分解工作任务，明确落实时间和职责分工。开展对《规划纲要》实施情况的监督检查，将《规划纲要》确定的各项任务纳入成人高校招生目标管理考核体系。

按照改革先行、系统推进的原则，设立定期评估原则和评价标准。围绕规划提出的总体目标和分阶段任务，组织开展专项评估工作，全面检查各项政策措施执行情况。根据各地的实施效果和社会各方面反馈情况，对《规划纲要》实行动态管理，对招考机构、办学单位等进行表彰奖励或问责处理。

四、"十四五"期间成人高校招生考试改革发展的条件保障

（一）坚持稳步发展成人高校招生考试事业的方针，为成人高校招生考试工作确定方向

我省坚持稳步发展成人高校招生考试事业的方针，为成人高校招生考试事业的健康发展指明了方向。成人高校招生考试工作是高等教育的重要组成部分，受到各级主管部门和社会各方面的高度重视。作为教育领域服务社会的重要窗口和平台，成人招考为终身教育体系的建立提供了基础性条件，其地位不容忽视。充分发挥成人高校招生考试在成人高等教育发展过程中的引导作用，将其纳入总体建设规划之中，是实现我省教育发展目标的应有之义，也是推动我省继续教育事业健康发展的前提。

（二）紧抓我省全面深化综合改革之契机，为成人高校招生考试发展创造机遇

我省在"十四五"期间启动的各项事业综合改革工作，为成人高校招生考试事业发展提供了机遇。在全省各区域功能调整和继续教育差异化办学的过程中，推动成人高校招生考试转型发展出现有利条件。通过强化成人高校招生考试工作的归口管理，明确主管单位与办学院校的关系和业务范围划分，进一步规范成人高校招生考试办学工作。通过各类管理制度、招生环节和教育结构的改革，进一步激发我省成人高校招生考试的活力，进而推动我省成人高等教育事业的多元发展。

（三）加大政策扶持力度，为成人高校招生考试发展提供资源

我省在宏观层面赋予成人招考工作更多的政策空间，通过出台支持招生考试规范运行与转型升级的措施、方案、办法等，在成人教育领域促进新旧动能转换，增添新发展动力。加大财政方面的政策扶持力度，调整优化招生考试经费管理机制，使经费更多投入到招考体系

的信息化改造、平台资源建设的开发利用、招考人员的能力培训、改革试点的政策激励等方面。充分调动各方面的办学积极性，实现以规模促效益，以质量促发展。通过各项政策支持，有效推动我省成人高校招生考试事业的可持续发展。

（四）加强技术保障工作，为成人高校招生考试转型发展注入科技能量

我省高度重视科技在成人高校招生考试工作中的关键支撑作用。计划引入高科技合作伙伴，建设技术含量高的网络化招考平台。运用大数据分析、人脸识别等新兴技术加大对考生报考资格的审核和数据的整合力度，提高人工智能在招生宣传、考生身份鉴定、考场纪律监督和阅卷工作管理等方面的应用效率，打击替考现象，消除监管死角。通过科技促考，提升招考管理的规范化水平，拓宽招考工作的效能边界，不断完善系统化管理体制、机制，从而为我省成人高校招生考试的转型发展提供坚强保障。

参考文献

赵红亚. 论林德曼的成人教育思想 [J]. 教育史研究, 2003, 15 (2).

李中国. 美国成人教育的教学特点及启示 [J]. 职业技术教育, 2001 (8).

陈永华. 成人高教发展模式探索 [J]. 中国成人教育, 2001 (30).

王万舫, 卢菊江. 成人高教面临的挑战及对策 [J]. 教育与职业, 2004.

彼得·贾维斯. 成人教育和继续教育社会学 [M]. 贾宗谊, 冯彬, 戴增义, 等译. 北京: 春秋出版社, 1989.

许正中, 江森源. 学习型社会 [M]. 北京: 中国环境科学出版社, 2003.

戚锦阳. 学习型社会创建与继续教育发展 [J]. 宁波大学学报 (教育科学版), 2005 (3).

塞缪尔·亨廷顿, 劳伦斯·哈里森. 文化的重要作用: 价值观如何影响人类进步 [M]. 程克雄, 译. 北京: 新华出版社, 2002.

刘富钊. 国外现代继续教育制度与实施 [M]. 成都: 四川大学出版社, 1989.

刘阳. 论教育共同体的内涵与构建原则 [J]. 当代教育论坛, 2014 (4).

张瑾. 社区教育的社区治理功能透析 [J]. 山西农业大学学报

（社会科学版），2017（6）．

邬宏亮．学习型社会背景下社区成人教育功能的实现路径［J］．中国成人教育，2018（3）．

朱俊．泛在学习理念下成人教育资源的优化整合［J］．中国成人教育，2017．

束霞平．文化创意产业与高等艺术教育互动发展研究［M］．苏州：苏州大学出版社，2015．

冯硕．高等艺术设计教育生存态探究［J］．兰州大学学报（社会科学版），2014（2）．

张晶．传媒艺术的审美属性［J］．现代传播，2009（1）．

彭欣．新媒体时代传统文化传承的现实困境与创新策略［J］．江西社会科学，2014（12）．

方玲玲，韦文杰．新媒体与社会变迁［M］．上海：复旦大学出版社，2014．

石中英．教育公平的主要内涵与社会意义［J］．中国教育学刊，2008（3）．

褚宏启．关于教育公平的几个基本理论问题［J］．中国教育学刊，2006（12）．

张超然．自学考试在实现教育公平中的作用［J］．中国考试，2006（9）．

李豫黔，秦素碧，殷明．多元智能理论视野下自学考试教育公平诉求拓展分析［J］．中国考试（研究版），2009（10）．

邵郁．我国高等教育自学考试的困境和出路［J］．江苏技术师范学院学报（职教通讯），2009（10）．

李宏波．论自学考试培养目标的调整与重构［J］．成人教育，2018（9）．

李珏．成人学历教育发展前景初探［J］．高等函授学报（哲学社会科学版），2009（9）．

陈建美．高等教育自学考试教育公平调查研究［J］．广州广播电视大学学报，2014（1）．

黄晓波．提升成人教育社会认可度的切入点分析及实践［J］．继续教育研究，2015（12）.

方华明.美国大学课程大纲研究［J］.长春工业大学学报（高教研究版），2011（2）.

东晓华，柳博，向冠春.自学考试大纲建设研究［J］.成人教育，2011（5）.

邱建臣.高等教育自学考试的课程特点兼谈大纲建设与命题关系［J］.中国考试，2005（12）.

邢博特，白娟.自考高等数学课程的改革与实践［J］.成人教育，2014（9）.

张铭惠.H省高等教育自学考试困境和发展路径研究［D］.哈尔滨：哈尔滨师范大学，2019.

后 记

我国成人教育的发展已经进入全新的阶段,在学习型社会的背景下,结合经济转型时期发展方式的转变及成人教育观念的改变,我们必须探索新的成人教育模式。在当前社会及经济条件下,创新发展成为主流,这不仅体现在成人教育教学管理、模式方面的创新上,也体现在成人教育管理体制、机制的创新上,即创新发展已经成为成人教育发展的必然。本书就是从当前城乡一体化进程中面临的农民职业教育、社区教育、市民化过程等困境着手,针对成人教育面临的机遇和挑战,从新常态背景下成人教育的功能分析等方面,结合习近平新时代中国特色社会主义思想科学定位,对成人教育的教学管理模式、发展方式、管理队伍、管理体制等进行探索,并结合自身多年从事成人教育管理的实践和经验,归纳总结成人教育创新发展理念与模式。

本书是在笔者和同事多年来从事成人教育管理工作过程中的研究成果及近年来发表的相关学术论文的基础上完成的。尽管如此,写作过程中还是有了"书到用时方恨少"的体会。由于一直从事行政工作,平时忙于工作事务,深感知识积累不够充分,加之理论水平有限,写作过程实属艰辛,也是得益于同事和老师的大力支持才终于完成。

在本书的写作过程中,得到了顾德学教授、束霞平教授、钱继云教授的指导与支持,在此表示衷心的感谢。还要对所有关心我、支持我的朋友和同事表示感谢!